조사심법문

|祖師心法門|

조사심법문
| 祖師心法門 |

학월 경산 편술
자견 역주

조사심법문
| 祖師心法門 |

2007년 12월 10일 초판 1쇄 인쇄
2007년 12월 15일 초판 1쇄 발행

편술인 학월 경산
역주인 자견(조주)
펴낸이 정창진
펴낸곳 도서출판 여래
출판등록 제4호(1988. 4. 8)

주소 용인시 수지구 풍덕천동 713-5번지 금오프라자 7층
대표전화 (031)266-8976
전송 (031)265-6803

E-Mail yoerai@hanmail.net
ISBN 89-85102-66-0 03220

- 값은 뒤표지에 있습니다.
- 저자와의 협의에 따라 인지를 생략합니다.
- 잘못된 책은 구입하신 서점에서 바꿔드립니다.

| 서문 |

불교 발전에 기여하는 등대로

『조사심법문』의 역주자인 자견스님의 후기만 보고도 이 책에 두 발을 들여놓은 것은 세 가지의 이유에서다. 하나는 짧은 후기에서 그의 차분하고 안정된 구도의 정신이 확인되었고, 둘은 그가 조심스럽게 다루고 있는 은사인 학월대종사의 유훈이 처마끝 풍경소리로 되울림하는 탓이고, 셋은 마음 속 깊이 흠모하든 일연국존과 진표율사의 행적이 문득 떠오르기 때문이다.

자견스님의 후기는 『조사심법문』이 매우 신중하게 연구되고 다듬어진 경서임을 짐작케 함을 누구나 느낄 수 있으리라 사료되므로, 학월대종사의 유훈을 밝혀야 겠다. 자견스님은 출가한 지 오래지 않아 동국선원에서 학월대선사님을 은사로 모시고 시자로 수행했는데, 은사님께서 본인에게 이르시기를 '저 자의 장래가 촉망되니 잘 살펴보라' 하셨다. 별다른 가르침을 줄 필요도 없이 역주자는 스스로 자재하고 흩으러짐이 없는 구도자의 면모를 지켜가는 동안 한솥밥을 먹는 도반으로 지내기도 했다. 언제 어디에 있더라도 올바른 견처를 얻어지니리라 믿었고 또한 그리 되기를 바라왔던 터이다.

나라가 몽고의 침략으로 위태로울 때 백성들의 고난을 이겨내려는 호국신앙으로 조성된 고려대장경의 회향식에 증명법사로 자리를 지켜셨든 일연국존께서는 노후에 낙향하여 노모를 모시고 민족사의 정수인 『삼국유사』를 집필하셨고, 민족사가 흔들리던 명맥을 세우려고 진표율사는 금산사에 미륵대불을 조성한 뒤 노부를 등에 업고 금강산에까지 가서 장례를 치루었다. 자견스님이 노모를 모시고 수행정진하면서 『조사심법문』을 편찬하였으니 어찌 예사롭겠는가.

일연국존께서 노모를 봉양하는 마음으로 민족사를 애지중지하여 『삼국유사』를 집필했고, 진표율사가 노부를 업어 금강산에 장사를 지내는 효성으로 미륵대불을 조성하셨듯이, 자견스님 또한 노모를 모시고 『조사심법문』을 편찬하여 바로 은사인 학월대종사의 유훈을 받들었으니 그 정성에 추호로도 흩으러짐이 없으리라 짐작된다.

본인은 이미 노년기에 들어 다른 책을 보기가 쉽지 않으나 사제인 자견스님의 『조사심법문』을 읽어 은사스님의 말씀대로 그의 촉망을 확인하기로 작심했다. 문도는 물론 불자들의 동참으로 바른 불교의 대열에서 불심과 불언과 불행을 함께 나누기를 바라는 마음 간절하다. 이것이 디딤돌이 되어 불교 발전에 기여하는 등대로 거듭나기를 바라마지 않는 바이다.

聖然 정다운 합장

| 목차 |

제2부 法 | 항포원융 |

제3부 僧 | 봄 여름 가을 겨울 |

제1부

佛 | 선의 밀지 |

○[1]

이 일은[2] 하늘과 땅도 '이것' 의 몸을[3] 덮지 못하며 산과 들도 '이것' 의 빛을[4] 감추지 못한다. 안을[5] 엿보아도 쌓아 둔 것이 없고 밖을 바라봐도 남겨둔 것이 없다. 팔만대장경[6]도 거두지 못하며 제자백가[7]라도 설명하지 못한다. 박학다식의 총명한 사람일지라도 알지 못하며 문장글귀로도 생각하지 못한다. 말하면 어긋나며 생각하면 차이가 나는데 어떻게 언어와 필설로 그 공법(空法)[8]을 표현할 수 있으며 담는데 한계가 있는 병으로 법해(法海)[9]를 담을 수 있겠는가!

솔직하게 꾸짖는다. 염화미소[10]와 소림 면벽배들은 철면피처럼 수치를 모르며 참괴심 없는 학자들은 책권이나 가지고 이리 뜯고 저리 맞추면서 시작부터 파고 들지만 눈 먼 개나 봉사 노새[11]의 안목으로 제대로 깨달을 수 있겠는가. 두 죄인들이 불법[12]을 비방함이 적지 않으니 신중하고 신중할지어다. 법(法)[13]을 배우러 오는 사람을 보거든 재미[14]가 없으며 실마리를 찾을 수 없는 화두(話頭)[15]를 힘껏 붙잡게 지도하여 본인 스스로 깨달음을 얻을 수 있게 해야만 비로소 법을 얻었다고 할 수 있을 것이다.

부처님께서 말씀하시기를

"참 부처는 형상이 없고 참 법은 모양이 없다"고 하셨는데 배우는 사람이네 하고 얼굴 빛과 겉모양만 그럴듯하게 지어서 부처를 구한다 법을 구한다 하는 자들은 야호(野狐) 귀신이며 외도(外道)[16]의 견해이다. 진정한 학인은[17] 개성 있고 독출(獨出)나서 법을 구한다 부처를 구한다 하지 않으며 지옥의 여러 가지 나쁜 모양을[18] 보더라도 허공에 핀 꽃과 같이 여기며 제불(諸佛)의 여러 가지 수승한[19] 형상을 보더라도 어린이 유희놀음과 같이 여긴다. 이러한 자세야말로 억지로 꾸민다고 되는 것이 아니다. 본래 불법은 여법하게 갖추고 있기 때문이다.

그리고 정법 가운데 범부다 성인이다 하는 두 가지[20] 견해가 있는데 다 잘못이다. 악마다 부처다 하는 도리 역시 잘못이다. 또한 범부와 성인이 없다, 마왕[21]과 부처님이 없다는 견해 역시 잘못이다. 불법은 본래 공(空)[22]하기 때문에 공할 수 없어야만 더욱 공할 수 있으며 불법은 본래 무소득(無所得)[23]이기 때문에 무소득할 수 없어야만 더욱 무소득할 수 있는 것이다. 한 줄기 신령(神靈)[24]한 빛은 사실 텅 비어서 아무것도 없는데 어떻게 시비할 수 있겠는가!

그러므로 항상 조사 공안(祖師公案)[25]을 붙잡고 힘껏 참구(參究)하여 활연(豁然)히 크게 깨달아 부처의 집에 들어가야만 하겠다.

此事 天地不能覆其體 山河不能匿其光 心窺無積聚 外望無盈餘 八萬大藏收不得 諸子百家說不得 博學聽明所不能知 文章句法所不能識 言之則乖 念之則差 況以言語筆盡其空 識量甁盛法海 直饒拈花面壁 猶是鐵裹面皮 不識羞恥 無漸學者 將卷軸打葛藤 從頭穿鑿 如瞎拘盲驢之眼 其能和會乎 兩箇罪人 諦法不少 愼之愼之 如見來學者 以沒滋味 無摸索底話頭 盡力提起 使自悟入始得 佛云 眞佛無形 眞法無相 學人作樣 求佛求法者 皆是野狐精外道見 若眞人廻然獨出 不求法不求佛 雖見地獄 種種惡相 猶如空花 雖見諸佛 種種勝相 亦如兒戲 不是强爲 法如是故也 然我正法中 凡聖二見俱錯 魔佛二道亦錯 無凡聖解亦錯 無魔佛解亦錯 佛法本空 故不可以空更得空 佛法本無所得故 亦不可以無所得更得也 一段靈光 廓然虛豁 豈可强是非也 是故 不如常常提起祖師之案 盡力參究 以豁然大悟 爲入門

| 주 |

1) 일원상(一圓相)이나 점(點)은 복잡다단한 복합적인 뜻을 갖고 있다. 마음을 일원상으로 표현하기도 하며 원 안에 삼보 등을 뜻하는 세 점을 찍기도 한다.
2) 이 일은 부처님의 성품 즉, 마음 찾는 일에 관한 일이다.
3) 체(體, dhātu)는 만물의 본체(本體)로서 우주에 가득하고 자유자재로 살아 있기 때문에 하늘과 땅이 덮을 수 없고 실을 수 없다고 했음.
4) 광(光, kāśi)은 '세존의 원광(圓光)은 깊고 미타의 광명은 무한하다' 고 했다. 이것의 빛은 무량하고 한량이 없어 산과 들도 감출 수 없는 것이다.
5) 안과 밖은 심신(心身)으로도 의식으로 생각해 보아도 알 수 없고 오근(五根)으로 노력해 보아도 찾을 수 없다는 뜻.
6) 모든 경전을 말함. 부처님이 일생 동안 설법하신 대장경에도 방법만 적혀 있을 뿐 '이것이다' 고 꼭 집어 직접적으로 말씀하시진 못했다.
7) 중국 춘추전국시대 학파의 총칭. 제자백가(諸子百家)는 지금의 여러 논문이나 학설(學說)처럼 언어로써 불성(佛性)을 설명할 수가 없다는 뜻.
8) 불교를 공교(空敎)라고도 하는데 공법(空法)은 불법을 지칭한 것임.
9) 불법의 광대무변(廣大無邊)한 뜻은 곧잘 바다에 비유된다.
10) 영산(靈山)의 가섭과 소림의 달마는 참선하는 이를 총칭한 것임.
11) 봉사 노새는 눈먼 노새로 말과에 딸린 변종(變種)의 짐승이다. 숫나귀와 암말 사이에서 난 잡종. 크기는 말만하나 생김새는 모두 나귀를 닮았음.
12) 참선의 길에 잘못 들고 불경을 잘못 이해하는 것은 결국 불법을 비방하는 것이 된다.
13) 법(法, dharma)은 부처님의 가르침을 말함.
14) 학문은 지식을 쌓아가므로 재미가 있다 하나 수도(修道)는 번뇌망상을 비우는 어려운 일이어서 재미가 없으며 앞뒤가 끊어져 사량분별로써

헤아릴 수 없기 때문에 실마리를 찾을 수가 없다.

15) 선각자(先覺者)가 참선[간화선(看話禪)]을 하는 사람에게 제시하는 참구해야 할 커다란 문제.

16) 불교 아닌 다른 도를 세우거나 진리가 아닌 사교(邪教) 또는 삿된 무리.

17) 불법을 배우는 사람.

18) 각 지옥의 여러 고통상을 말함.

19) 부처님의 32상과 80종호로서 과거 무량한 공덕심과 또는 신통자재한 모습.

20) 제법(諸法)엔 차별이 있으나 제법의 본체는 평등하여 고하(高下) 등의 차별이 없다. 인연이 소생(所生)하는 법. 구경(究境)에 실체가 없음을 공(空)이라 하고 또는 이체(理體)가 공적(空寂)함을 말한다.

21) 마왕(魔王)은 천마(天魔) 중의 우두머리. 즉 욕계제육천(欲界第六天) 의 타화자재천주(他化自在天主). 그는 항상 권속을 거느리고 인계(人界)를 향하여 불도(佛道)에 장애을 일으키므로 파순(波旬)이라 한다. 단 대승의 법문에서는 계위(階位)가 높은 보살이 대방편력(大方便力)으로 마왕으로 화현하여 중생을 교화한다고 함.

22) 공(空, śunya)은 아무 물건이 없는 곳 또는 유(有)가 아니라는 뜻으로 여러 종류가 있으나 자연 그대로란 뜻도 됨. 불법을 다른 말로 공의 사상이라고도 한다.

23) 불법은 본래 완전무결하게 구족해 있기 때문에 다시 따로 얻어야 할 것이 없다는 뜻.

24) 영묘부사의(靈妙不思儀)한 불성의 광명. 이 심성은 탕탕무애(湯湯無碍) 하여 아무것도 걸리지 않기 때문에 여기에 시비선악을 따질 수가 없다고 했다.

25) 역대 조사들의 수많은 공안은 선가에서 학인들의 심지(心地)를 깨닫게 하는 기연(機緣)임. 역대 조사에는 지금까지 학인을 제접(濟接)하는 각국 모든 조사들의 개성과 수법(手法)이 다 들어간다.

교학자의 병

교리[1]를 배우는 사람은 살아 숨쉬는[2] 말씀을 참구[3]하지 않고 한갓 입이나 영리[4]하게 하고 귀나 밝게 하는 학문을 배워 가지고 세상에 자랑하지만 단단한[5] 땅을 밟고 가는 발이 아니다.

말은 이렇게 하고 행동은 저렇게 하고 서로 어긋나면서도 말끝마다 산과 물[6]을 거론하면서 죽[7]과 밥을 허비하고 있다. 스스로 경론(經論)에 얽혀매여서 한 평생을 자신과 남을 속이면서 산다.

마침내는 지옥의 업(業)[8]만 남게 되니 세상을 건너는 자항(慈航)[9]의 배가 아니로다.

教學者 不參活句 徒將聽慧口耳之學 衒耀於世 脚不踏實地 言行相違 這邊那邊 討山討水 徒費粥飯 自被經論 賺過一生 終作地獄滓 非濟世舟航也

| 주 |

1) 팔만대장경을 배우는 일뿐만이 아니라 전반적인 학문을 지칭함.
2) 의미가 있고 의로(意路)가 있는 말을 숨막히는 말씀이라 하고, 앞뒤가 끊어져 의로가 통하지 않고 의미를 알 수 없는 말을 살아 숨쉬는 말씀이라 하는데, 살아 숨쉬는 말씀은 대개 조사 공안을 말함.
3) 참구는 선에 참례(參禮)하여 진리를 궁구하는 것.
4) 영리(怜悧)는 약고 민첩함으로 영리의 반대는 우둔(愚鈍)이다.
5) 단단한 땅이 참선의 길이라면 질퍽한 땅은 학문의 길로 부처를 찾는데 그 만큼 힘과 시간이 더 걸린다는 뜻.
6) 산과 물은 깨달은 경지의 표현 수단. 또는 제방의 선지식을 가리킴.
7) 아침 죽과 저녁 밥으로 본래 승려들의 식사는 하루 두 끼였다.
근래에 약석(藥石)이라 하여 대부분 저녁을 먹고 있다. 중국의 사원에서는 지금도 아침에 죽을 먹고 있다. 아침에 죽을 먹는 것은 선가의 가풍(家風)으로, 아침에 밥을 먹는 것은 대중불교에서 비롯되었다.
8) 재(滓)는 앙금, 찌꺼기를 말하는 것으로 평소 시주(施主)의 공물(供物)만 허비하면서 수행을 잘못하면 지옥에 가는 업만 남게 된다는 뜻.
9) 사바세계(娑婆世界) 고해중생(苦海衆生)들을 저 해탈의 언덕으로 건네준다는 뜻으로 제불 보살의 사명이다.

선학자의 병[1)]

선을 배우는 사람은 대부분 한가하고[2)] 조용한데 익숙한 성격이 되어가는 것이 가장 큰 문제이다. 또한 스승의 모범[3)]을 간청하지도 않는다.

야호(野狐) 굴 속[4)]에서 힘만 소비하며 앉아 졸면서 눈 앞에 일어나는 인연따라 일어나는 경계들을 당하여도 앉은뱅이 벙어리 같은 처지[5)]에서 소스라쳐 빨리 벗어나지 못하고 수수께끼 같은 것[6)]에만 도박을 하고 있는 사람은 풀과 나무에 붙어사는 초목귀신[7)]이 될 뿐이다. 교리를 잘못 배우는 사람과 마찬가지로 자항(慈航)의 배는 되지 못한다.

禪學者 習閑成性 不求師範 野狐窟中 徒勞坐睡 被日前緣起事法 未能透脫 嵍 都盧慱謎子者 只作依草附木精靈 亦非濟世舟航也

| 주 |

1) 사고(四苦)의 하나로 지수화풍(地水火風) 사대(四大)가 조화되지 않은 데서 생긴다. 『지도론(智度論)』에 "병에 크게 두 가지 종류가 있는데 전생의 나쁜 업으로 초래하는 병과 금생의 냉열(冷熱)과 풍발(風發) 등으로 여러 가지 병이 생긴다"고 하였다.
   바로 참선의 길에 들지 못하면 열심히 노력하더라도 여러 가지 신심의 나쁜 병을 얻게 된다.
2) 한(閑)은 도와 상통하고, 한적한 곳을 난야(蘭若)라고도 하나 여기에서는 한적하고 편안하고 조용한 곳을 말한다.
3) 제불조사의 성불한 인연과 방편이 포함됨.
4) 한적한 곳에서 편안히 지내면서 자만하는 참선을 선가에서 외도라 하여 야호선(野狐禪)이라 한다. 본래 선방은 선불장(選佛場)이고 야호선이 아니나 야호선을 하는 사람에게 선방은 야호굴이 된다.
5) 말을 하지 않은 모양을 말하는데 중국 속담에서는 자로도(觜盧都)라 한다.
6) 미자(謎子)는 미어(謎語)와 같이 통용되며 은어를 뜻한다. 조사가 보인 말과 글자에 홀려 수수께끼를 풀듯이 해석의 재미를 붙이면 마치 초목에 붙어 사는 초목귀신과 같다는 뜻이다.
7) 정령(精靈)은 귀신으로 『업소제연기(業疏濟緣記)』에 "정령은 신식(神識)이며 또한 사귀(邪鬼)의 상품(上品)이다"고 하며 『능엄경』에 "만약 도둑질을 끊지 못하면 반드시 사도의 상품정령과 중품요매(中品妖魅)와 하품사인제매소착(下品邪人諸魅所著)에 떨어진다"고 하였다.

삼승(三乘)[1] 학인의 병(病)

어두운 밤에 새끼줄은 움직이지 않는데 뱀인줄로 착각하며, 어두운 방은 텅 비어 있는데 혹시 사람이나 귀신이 있는가 의심(疑心)하고 두려워한다. 마음에 '참되다 거짓이다'는 정념(情念)을 일으키며 성품(性品)에 '범부다 성인이다'는 양지(量知)를 세우는 것은 마치 누에[2]가 실을 토해 내어 자신의 몸을 얽어매는 것과 같다. 이것은 누구의 허물이겠는가! 한 생각 돌이키면 곧바로 보리(菩提)[3]의 바른 길인데 천만 가지 사려(思慮)를 낸다면 나의 심왕(心王)[4]을 잃게 된다. 심왕(心王)이라는 것은 말과 글로 이룰 수도 도달할 수도 없다. 그 자리는 생각이 끊어진 곳[5]이다.

夜繩不動 汝疑之爲蛇 暗室本空 汝怖之爲鬼 心上起眞妄之情 性中立凡聖之量 如蠶吐絲 自纏其身 是誰過歟 若一念回光 則直是菩提正路 千思萬慮矢我心王 此心王者 言語道斷 心行處滅

| 주 |

1) 과위(果位)의 교법에 도착하는 근기를 양, 사슴, 소의 수레와 코끼리, 말, 토끼의 짐승에 비유하기도 한다.
이와 같은 삼승(三乘)의 뜻도 있지만 여기서는 양이나 토끼와 같은 가장 저열한 수준을 뜻하고 있다.
2) 『능가경(楞伽經)』에 "망상(妄想)이 스스로를 얽어매는 것이 마치 누에가 자기 몸을 둘둘 감는 것과 같다"고 하였다.
3) 보디(bodhi)의 음역(音譯)으로 나집(羅什)의 구역(舊譯)에선 도(道)로, 현장(玄奘)의 신역(新譯)에선 각(覺)이라 했다.
보리에는 크게 두 가지가 있으니 하나는 불교 최고의 이상인 불타 정각(佛陀正覺)의 지혜로서 곧 불과(佛果)이며 또 하나는 불타 정각의 지혜를 얻기 위하여 닦는 도를 말한다. 곧 불과에 이르는 길을 말한다.
4) 의식 작용(意識作用)의 본체. 객관 대상에 향하여 그 일반상을 인식하는 정신 작용으로 여기에 육식(六識) · 칠식(七識) · 구식(九識)의 구별이 있다.
5) 언어도단 심행처멸(言語道斷 心行處滅)로 진리는 깊고도 묘하여 말할 수도 생각할 수도 없는 것을 찬탄하는 말임.

방편(方便)에 대하여

팔만대장경도 거두지 못한다는 것은 향상일로(向上一路)[1]며 삼천고불(三千古佛)[2]도 말하지 못한다는 것은 격외선지(格外禪旨)[3]이다. 만약 허랑(虛朗)[4] 품는 것을 잊는다면 목석과 같고 허공[5]과 같아서 도에 조금이나마 상응(相應)[6] 하리라.

배우는 사람[7]이 숨막히는 말씀[8]을 지킨다는 것은 항상 조용하고[9] 깨끗한 데만 좋아하는[10] 것을 말한다. 살아 숨쉬는 말씀에서 참구(參究)할 줄 모르는 자다. 마치 산등성이를 넘었으면서 빈 숲 속만을 지키는 사람과 같다. 방편[11]을 지킨다는 것은 참선하다가 마음이 장벽(牆壁)[12]한 상태를 만나게 되는데 이것을 오히려 바른 도(道)로 삼는 것을 말한다.

이때에는 공적(空寂)[13]한 무기(無記)[14] 가운데 체류하게 되어 다른 사람이 머리를 베어가도 느끼지 못한다. 이같은 공부로 앉아 지내면 미륵[15]이 태어날지라도 문없는 문을 타파하지 못하니 마치 계현(戒賢)[16]의 무리와 같은 것이다.

방편을 버린다는 것은 장벽한 상태에서 살아 숨쉬는 말씀을 참구하여 앞뒤가 끊어진 막다른 골목에서 다시 숨을 쉬고 소생하게 된다면 마침내 지혜[17]의 광명[18]이 활연히 열리게 되는 것이다. 분명하고 맑고 넓은 스스로 말할 수 없는 곳을 알게 되니 마치 혜가(慧可)[19]의 무리와 같은 것이다.

八萬大藏收不得者 向上一路 三千古佛說不及者 格外禪旨 若忘懷虛朗 如木石如虛空 於道少分相應 學者守死語者 常爲淨潔所拘 只知內守幽閑 不知活句上參究者也 如已過嶺 但守空林者也 守方便者 心如牆壁 反以爲道滯於空寂無記中 他人斬頭而不覺 如此工夫坐 彌勒下生未能打破 如戒賢之流也 捨方便者 於牆壁上參句 絶後再甦 慧光發明 了了自知 言之不及處如慧可之流也

| 주 |

1) 위를 향하여 올라가는 길로 여러 가지의 뜻이 있다.
①무차별(無差別) 곧 평등이란 뜻. ②절대무한(絶對無限) 이지(理智)의 극점(極點). ③형이상순정신(形而上純精神)을 말함. ④깨닫는 극칙(極則). 부처님의 세계. ⑤이타(利他)에 대하여 자리내증(自利內證)의 쪽으로 향하는 것. ⑥수행하는 일이 퇴보하는데 대하여 진보하는 것. 여기서는 ④의 뜻이 강하다.
2) 삼세제불(三世諸佛) 또는 삼세삼천불이라 하며 과거 세상 장엄겁(莊嚴劫)의 일천불. 현재 세상 현겁(賢劫)의 일천불. 미래 세상 성숙겁(星宿劫)의 일천불을 합하면 삼천불이 된다. 삼세를 통틀어 모든 부처를 지칭하는 말.
3) 말이나 문자로 의론(議論)할 수 있는 이치를 초월한 선법(禪法). 달마 조사가 전한 최상승선(最上乘禪)을 말하기도 한다.
4) 심식(心識)의 분별임. 이 분별은 헛된 것이고 참되지 못하므로 허낭(虛朗)이라고 한다.
5) 허공(虛空, ākāśa)은 다른 것을 막지 않고 다른 것에 막히지도 않고 물(物), 심(心)의 모든 법(法)을 받아들이는 당체(當體) 곧, 공간을 말한다.
6) 향상일로(向上一路)와 격외선지(格外禪旨)에 허랑(虛郎)을 품지 않는다면 도에 계합(契合)하는 바가 있다.
7) 선교(禪敎)를 배우는 사람을 통틀어 학자라 하였다.
8) 의로(意路)가 있고 무의미하지 않은 언어를 숨막히는 말씀이라 한다.
9) 조용하고 깨끗한 곳에 구애된다는 것은, 산과 물이 좋고 시설이 좋아야만 수행하기 편리하다는 견해로 일종의 편견임.
10) 세속 잡사(雜事)를 여의고 시끄러운 마음이 외연(外緣)의 영향으로 잠시 쉰 안일한 상태. 유한(幽閑)을 즐기는 사람은 공적무기(空寂無記)에 빠지게 된다.

11) 방편(方便, upāya)은 일체 중생의 기류근성(機類根性)에 계합(契合)하는 방법. 수단을 편리하게 쓰는 것. 곧 편리한 수단을 말한다.

12) 장벽(牆壁)은 담과 벽으로 선을 수행하는 과정에서 앞이 꽉 막혀 도저히 더 나아갈 수도 없고 이러지도 저러지도 할 수 없는 백척간두(百尺竿頭)나 은산철벽(銀山鐵壁)과 같은 막막한 상태인 선의 경계의 하나.

13) 우주에 형상이 있는 것이나 형상이 없는 것이나 모두 그 실체가 공무(空無)하여 아무것도 생각하고 분별할 것이 없다는 것.

14) 무기(無記, avyaksita)는 삼성(三性: 善, 惡, 無記)의 하나. 온갖 법의 도덕적 성질을 세 가지로 나눈 가운데서 선도 악도 아닌 성질로써 선악 중 어떤 결과도 끌어오지 않는 중간성.

15) 미륵(彌勒, Maitreya)은 석존(釋尊) 입멸 후 56억 7천만 년을 지나 다시 이 사바세계에 출현(出現), 화림원(華林園) 안의 용화수(龍華樹) 아래에서 성도하여 석존의 교화에 빠진 모든 중생을 제도한다고 하는 미래불.

16) 계현(戒賢, śilabhadra)은 동인도 삼마달타국의 왕족. 젊을 때부터 공부를 좋아하여 나란타사의 장로(長老)로 대중의 존경을 받았다. 또한 현장법사(玄奘法師)의 스승으로 교학(敎學)의 비조(鼻祖)로 추앙받았다.

17) 지혜(智慧)는 일을 결단하고 간택할 줄 아는 생각.
『대승의장(大乘義章)』에 "일체 사상(事相)을 아는 것을 지(智)라 하고 일체 사리(事理)를 이해하는 것을 혜(慧)라 한다"고 하였다.

18) 광명은 불 · 보살의 몸으로 놓는 빛이나 지혜.
크게 신체에서 나는 색상(色相)의 빛과 지혜가 명랑한 것이 있다.

19) 혜가(慧可)는 중국 선종의 이조(二祖). 40세에 숭산(嵩山) 소림사의 달마대사를 뵙고 법을 이어 이조(二祖)가 되었다. 『경덕전등록(景德傳燈錄)』에 혜가의 두 공안(公案)이 보인다.

병통을 지적하다

선을 배우는 사람들은 달마(達磨)[1]가 전수한 이조(二祖)의 어고(語故)[2]를 제대로 알지 못하고 있다. 이것을 오히려 조주(趙州)[3]의 무자(無字)[4]에다 이끌어대어 사사건건 앞뒤로 방편을 세우는 자가 부지기수이니 더더욱 잘못 듣고 더더욱 잘못 알게 되는 것이다.

위와 같은 무리가 스스로 말하기를 '방편없이도 안배(安排)[5]만 잘하여 생각해 나간다면 비록 달마가 낱낱이 나열한 뜻을 설령 모른다 하더라도 장벽에서 참구하는 것이 퇴보하지는 않는다' 고 말하는데 이는 조사[6]의 뜻을 매몰시키는 것이며 틀리면서도 그럴 듯하게 이치에 닿게 말만 잘하는 사람이다. 또한 숨막히는 말씀을 분별하는데 집착하여 공적(空寂) 가운데 앉아 면목(面目)[7]을 활짝 열어젖히지 못하는 사람은 방편을 고수하며 버리지 않는 것으로 종사(宗師)[8]를 삼는 사람이다.

今學者 不知達摩 所授 二祖語故 反引趙州無字上 立前後方便者 件件有之 尤加錯知 又自謂 無方便立名安排 只伊麼念過 殊不知達摩一一列下之意 未能退步牆壁上參究 可謂埋沒底祖意 錯下名言者也又執分別死語 坐在 空寂中 不能豁開面目者 守方便不捨 爲宗師者

| 주 |

1) 중국 선종의 초조(初祖). 중국 양나라 무제 때 배를 타고 광주(廣州)에 도착하여 무제의 융숭한 대접을 받았으나 기연이 맞지 않아 낙양의 숭산 소림사에서 면벽구년을 하다 혜가에게 법을 전하였다.
2) 혜가가 달마를 만나 나눈 이야기로 『전등록』에 있다. 달마조사의 '불식'이나 신광의 '마음을 찾을 수 없다'의 '모른다'와 '없다'를 학자들이 조주의 무와 비교사량하는 것을 꾸짖었다.
3) 어려서 출가하여 남전(南泉)에 참례했다. 당나라 사람으로 성은 학씨이다. 60세 후에 하북 조주(河北趙州)의 관음원(觀音院)에 머물면서 크게 선풍(禪風)을 드날렸다. 소종(昭宗) 건녕 4년(897)에 시적(示寂)하니 세수는 120이었고 진제대사(眞際大師)라 시호하였다.
4) 구자무불성(拘子無佛性) 화두. 조주스님에게 물었다. "개에게도 불성이 있습니까?", "없다." 부처님께서는 미물까지도 모두 불성이 있다고 하셨는데 조주선사는 왜 없다고 했는가? 하는 의심덩어리가 곧 무불성 화두이다.
5) 안배의 安은 물건을 제자리에 놓는 것. 排는 순서가 정연함을 뜻함.
6) 한 종파의 선덕(善德)으로 후세 사람들의 귀의 존경을 받는 큰스님을 일컫는다.
7) 우리가 태어나기 이전의 본래의 모습.
8) 정법을 전하여 다른 이들로부터 존경을 받는 이.

선의 밀지

배우는 수행자가 심의식(心意識)[1]으로 헤아려 생각하여 밀지(密旨)[2]를 뚫으려 하고, 사량분별의 알음알이[3] 지해(知解)로 연구하고 조사하여 꿰어 맞추는 이론이나 밝히는 것으로, 최고의 목표를 삼는 사람이 요즘 그 수를 셀 수가 없구나!

그러므로 이 경절문(經截門)[4] 살아 숨쉬는 말씀의 재미없는[5] 이야기와 양구(良久)[6]와 방(棒)[7] 할(喝)[8]과 삼구[9]삼현[10]삼요(三句三玄三要)는 모두 다 선의 요긴한 밀지(密旨)이니 배우는 수행자들은 아무쪼록 조사들의 살아 숨쉬는 말씀에서 곧바로 깨달아야 한다. 설사 곧바로 깨닫지 못하더라도 3일 혹은 5일, 7일 내지 일생을 꾸준히 참구해 가면 꼭 깨닫을 날이 있으리라!

學人以心意識 商量計度 穿鑿蜜旨 得思量解 以湛入合湛 爲究竟法者 不可勝數 是以經裁門活句 無滋味之談 良久棒喝 三句三玄三要 皆禪旨 學者須祖師活句上 卽時打破者 雖未卽省悟 或三日或五日七日 至於一生 省得去矣

| 주 |

1) 심(心, Jyestha)은 집기(集起), 의(意, Manas)는 사상(思想), 식(識, Vijnanam)은 요별(了別)의 뜻. 생각하고 헤아리고 분별하는 모든 의식 작용을 말한다. 구사종에선 육식(六識)의 다른 이름이라 하고 유식종에서는 8식을 통틀어 심의식이라 한다.
2) 깊이 숨은 뜻. 바른 선에 밀지가 있음.
3) 사량해(思量解)라고도 한다. 생각으로 헤아리는 것을 말한다.
4) 말과 사량의 길이 끊어진 조사선을 말한다.
5) 조사들의 공안은 말과 사량이 끊어졌기에 재미가 있을 수 없다. '재미없는 이야기'를 공부하는 수행자는 환희심으로 받아들이고, 방편을 세워 가르치는 것이 보살의 포교이다.
6) '조금 있다가', '한참 있다가' 라는 뜻으로 선가에서 선문답을 할 때 말과 동작이나 문자를 쓰지 않고 묵묵히 정좌하고 한참 있는 것을 말한다. 침묵과는 다른 의미다.
『무문관(無門關)』「세존양구편(世尊良久篇)」에, 한 외도가 세존께 묻기를 "유언(有言)으로도 무언(無言)으로도 묻지 않습니다. 이럴 때 어떠하십니까?" 하자 세존께서 양구(良久)하셨다. 이 일을 원오선사(圓悟禪師)가 평하기를 "그 소리가 우뢰와 같다"고 했다.
7) 棒을 불교에서는 '봉'이라 읽지 않고 '방'이라 읽는다. 둔탁한 몽둥이로 덕산(德山)이 줄기차게 사용하여 덕산의 방(棒)이라 한다.
선문의 방에는 8가지가 있는데 상방(賞棒), 벌방(罰棒), 종방(縱棒), 탈방(奪棒), 우치방(愚痴棒), 항마방(抗魔棒), 소적방(掃迹棒), 무정방(無情棒)이라 하는데 조원선사(祖源禪師)의 『만법귀심록(萬法歸心錄)』에 나와 있다. 방은 문자나 언어를 사용하지 않고 학인을 대접할 때 잘 사용하는 수단이다.
8) 喝도 '갈'이라 읽지 않고 '할'이라 읽는다. 날카로운 고함소리로 임제

(臨濟)가 즐겨 사용해 일제할이라 한다. 할 자체에는 아무 뜻이 없으나 진정한 선사가 사용할 때는 '천지를 진동시킨다' 고 한다. 선은 오늘을 새롭게 하는 끊임없는 개발(開發) 행위이다. 구태의연한 화두나 방과 할을 도용하는 것은 지양해야 하겠다.

9) 조사가 제시한 세 마디로 임제삼구(臨濟三句)와 운문삼구(雲門三句)와 대일경 삼구(大日經 三句) 등이 유명하다.

임제가 말하길 "산승이 오늘 보인 곳은 조불(祖佛)과 다르지 않으며 만약 제일구에서 얻게 되면 조불과 더불어 스승이 되며, 제삼구에서 얻게 되면 자기 자신도 구제하지 못한다." 학인이 묻기를 "어떤 것이 제일구입니까?", "삼요(三要)의 인(印)을 찍으니 붉은 인발이 비좁고 어찌할 생각을 할 것 없이 주인과 객이 분별되느니라." 또 물었다. "어떤 것이 제이구입니까?". "미묘한 지혜야 무착(無着)선사의 물음을 용납하랴마는 방편인들 어찌 동뜬 근기를 저버리겠는냐!" 다시 물었다. "어떤 것이 제삼구입니까?", "무대에서 꼭두각시 놀리는 것을 보아라! 앉고 서고 하는 것이 모두 속에 들어 있는 사람의 짓이니라."

이 삼구는 임제종의 무상(無上)의 강종(綱宗)으로 임제선의 정수가 여기에 있다 하였다.

서산(西山)대사는 『선가귀감(禪家龜鑑)』에서 "제일구는 신명(身命)을 상실하는 것이며, 제이구는 입을 열기 전에 틀린 것이며, 제삼구는 똥묻은 키와 비로 쌀을 까불고 마당을 청소하는 것이다"라고 하였다.

10) 삼구의 일구엔 삼현(三玄)이 들어 있고 삼현의 일구엔 삼요(三要)가 들어 있다. 임제가 시중(示衆)하기를 "종승(宗乘)을 말하는 데는 일구 가운데 삼현문을 구족하고 일문(一門) 가운데 삼요를 구족하여 권(權)도 있고 실(實)도 있고 조(照)도 있고 용(用)도 있어야 하나니 그대들은 어떻게 아는가?" 하였다.

삼현은 세 가지 그윽한 뜻. 삼요는 세 가지 요긴한 뜻. 권은 방편, 실은 진리, 조는 진리를 비추는 것, 용은 방편을 사용하는 것이란 뜻이다.

경절방편

요즘 제방(諸方)의 칠통배(柒桶輩)[1]들이 조사들이 보인 길이 끊어진 경절방편(經截方便)[2]만을 가지고 실법(實法)[3]인양 여러 사람에게 가르치고 지적하고 있다. 이리하여 사람들의 눈을[4] 멀게 하는 일이 적지 않으니 얼마나 많은 눈을 상하게 했는지 그 수를 모르는 바가 아니다. 고덕(古德)[5]은 정말 참 실법이 있어서 배우는 수행자에게 베풀었던 것이다. 뜻을 참구하는 수행자들이 살아 숨쉬는 말씀 가운데서 깨닫지를 못하고 조사들이 가르쳐 보인 말을 의지해서 심의식(心意識)으로 헤아리고 생각하여 문득 의문을 풀었다고 하면서 떠들고 다니고 있는 것이 문제로다.

今諸方漆桶輩 只爲守着祖師所示 經截方便 以實法指示諸人 所以 瞎人眼不少 亦不可不知也 古德有實法 與人之故也 參意者 未得活句中省發 依教語 却將心識商量 忽然開解者

| 주 |

1) 옻을 담은 통으로 선종에서 사리에 밝지 못하거나 또는 종지(宗旨)를 알아차리지 못하는 사람들을 꾸짖어서 하는 말.
2) 조사들이 학인들을 가르칠 때 쓰는 방법.
3) 잠깐 있는 존재를 가법이라 하고, 상항불변(常恒不變)하는 법을 실법이라 한다. 고덕은 진정한 실법으로 학인을 가르쳤다고 말한다.
4) 선가에서 눈(眼)은 참선 공부의 경계와 수준을 말할 때 비유하는 척도로 사용하고 있다.
5) 눈밝은 덕행이 높은 조사들.

활구와 사구

살아 숨쉬는 말씀이라는 것은 심의식으로 미치지 못하는 곳이다. 주요한 심왕(心王)[1]이 살아 있기 때문이다. 맹수[2]가 달아나는데 비유된다. 숨막히는 말씀이라는 것은 심의식이 미칠 수 있는 곳으로 주요한 심왕이 죽어 있기 때문이다. 개가[3] 달아나는데 비유된다.

선(禪)과 교(敎)는 한 생각[4] 가운데서 일어난 것이다. 심의식으로 미치는 곳은 생각하고 헤아리는데 속하니 교(敎)[5]며 심의식으로 미치지 못하는 곳은 참구(參究)에 속하니 선(禪)이다.

活句者 心意識不及處 本心王活也 此走獸 死句者 心意識及處 本心王死也 此走狗也 禪敎起於一念中 心意識及處 卽屬思量者敎也 心意識未及處 卽屬參究者禪也

| 주 |

1) 의식 작용의 본체.
2) 사자나 호랑이 같은 날쌘 맹수가 달아나면 사람이 쫓아가서 잡을 수 없듯이 살아 숨쉬는 말씀의 뜻은 심의식으로 잡을 수 없는 의식 밖에 있다는 뜻.
3) 개나 고양이가 달아나면 쫓아가서 결국 잡을 수 있듯이 숨막히는 말씀은 생각하고 헤아리고 계교(計較)를 낼 수 있어 심의식의 범위 안에 있다는 뜻.
4) 부처와 중생과 마음은 차별이 없다고 했다. 심의식의 경계의 차이로 선과 교가 나뉘었는데 그 본체는 같다.
5) 한 생각이 미치는 곳은 교의 영역이며, 한 생각이 미치지 않는 곳은 선의 영역일 뿐이다.

선(禪)이란 무엇인가?

조사(祖師)가 열어 보이신 모든 일구(一句)[1] 한 말씀 가운데엔 팔만사천법문(八萬四千法門)[2]이 처음부터 스스로 갖추어져 있다.

그러므로 수연불변(隨緣不變)[3]과 성상체용(性相體用)[4]과 돈오점수(頓悟漸修)[5]와 전수전간(全收全揀)[6]과 원융항포(圓融行布)[7]가 자유자재하고 걸림이 없이 원래 한 시각일 뿐 앞뒤가 없는 것이 선(禪)이다.

祖師所示 皆是一句中 八萬四千法門 元自具足故 隨緣不變 性相體用 頓悟漸修 全收全揀 圓融行布 自在無碍 元是一時 無前後者禪也

| 주 |

1) 모든 삼구(三句)의 제일구로 가장 수승한 법을 보인 말씀.
2) 팔만사천은 인도에서 많은 수를 말할 때 사용되는 숫자 개념이다. 10은 수의 한정으로 잡고 10의 꽉찬 배수(倍數)로 많은 수를 뜻함. 팔만사천 법문은 세상에 존재하는 모든 법문을 뜻한다.
3) 변화가 없는 본체(本體)는 아무리 연에 이끌린다 해도 변하지 않는다. 마치 바닷물이 바람이란 연(緣)을 따라 물결이 일어나지만 물맛의 성질은 변함이 없는 것같이 우리의 성품도 변함이 없다.
   수연불변(隨緣不變)은 수연동작(隨緣動作)에 불변의 뜻이 있다는 것. 진여는 그 체가 비록 불변하다하나 연에 저촉되면 만유가 생기므로 수연불변이라 한다. 수연은 외계의 사물이 와서 그 체에 감촉하는 것을 연이라 하고 그 연에 따른 자체의 동작을 수연이라 한다. 제법에서의 진여와 부처님의 교화는 모두 그러하다.
4) 성(性)은 제법(諸法)의 영원불변의 본성이며, 상(相)은 제법이 밖으로 나타난 분별 형상이다. 또 성은 무위법이고 상은 유위법이다. 체(體)는 진여법신(眞如法身)이며 용(用)도 현상계에 진여법신을 나툰 것이다. 성상체용(性相體用)은 진여법신의 당체의 상용(相用)을 말한다.
5) 법을 듣는 즉시 깨달아 점차(漸次)로 과거의 습기(習氣)를 닦아 가는 것이 돈오점수(頓悟漸修)이다. 오도(悟道)의 종류로 돈오돈수(頓悟頓修)와 돈오점수(頓悟漸修)와 점수돈오(漸修頓悟)와 점오점수(漸悟漸修)로 구분하기도 하는데 이런 종류들을 통틀어서 말할 때 돈오점수라고 하기도 한다.
6) 전수전간(全收全揀)은 마음의 임운자재(任雲自在)한 작용. 마음은 때로는 우주를 포용하다가도 때로는 바늘 끝 하나 용납하지 않는 능수능란한 성질이 있다. 『유마경(維摩經)』에 "수미산(須彌山)이 개자(芥子)씨 속에 들어가기도 하고 사해(四海)의 뜻이 하나의 털구멍으로 들어가는 도

리"가 마음의 전수전간(全收全揀) 사사무애(事事無碍)한 작용을 잘 설파(說破)한 것이다.

전수(全收)는 인정적 논리(認定的論理)로서 예컨대 우리의 진심을 설명함에 있어서 염정제법(染淨諸法)이 심(心)이 아님이 없다. 진심은 곧 성(性)이며, 불(佛)이며, 중생이며, 공(空)이며, 색(色)이며, 무(無)이며, 명(明)이며, 암(暗)이며, 대(大)이며, 소(小)이며, 능(能)이며, 소(所)이며, 내(內)이며, 외(外)이며, 장(長)이며, 단(短)이며, 원(圓)이며, 방(方)이며, 염(染)이며, 정(淨)이며, 미(迷)이며, 오(悟)이며, 천(天)이며, 지(地)이며, 상(上)이며, 하(下) 이런 등등으로 일체가 다 '~이다' 라고 섭수하여 현상계의 선별망상(選別萬象) 전체가 진심 아님이 없다고 진공(眞空)과 묘유(妙有)를 합일하여 양성적으로 논리를 전개하는 것.

전간(全揀)은 반대로 부정적인 논리. 예컨대 진여를 설명함에 있어서 그 진여는 성도 아니고 상도 아니며, 불도 아니고 중생도 아니고, 공도 아니고 색도 아니며, 무도 아니며 유도 아니며, 명도 아니고 암도 아니며, 대도 아니요 소도 아니며, 능도 아니고 소도 아니며, 장도 아니며 단도 아니고, 원도 아니며 방도 아니다 등등으로 일체가 '아니다' 라고 간거(揀去)하고 일체가 아닌 진공(眞空)이 바로 그것이라고 음성적으로 논리를 전개하는 것이다.

7) 원융과 항포의 합한 말. 처음 주행향지(住行向地) 등의 계위(階位)를 안치포열(安置布列)하고 천심(淺深)의 차제를 세우고 끝에 불과에 도달한다는 말을 항포(行布)라 하며, 일위(一位) 가운데 횡(橫)으로 일체위를 일성(一成)은 곧 일체성으로 하여 차례로 항포를 요하지 않고 설함을 원융(圓融)이라 한다. 행포(行布)를 항포라 읽는다.

교(敎)[1]란 무엇인가?

모든 부처님이 열어보이신 돈오점수(頓悟漸修)와 수연불변(隨緣不變)과 성상체용(性相體用)과 전수전간(全收全揀)과 원융항포(圓融行布)와 사사건건 걸림이 없는 사사무애(事事無碍)[2] 법문이 설사 다 갖추어 있다고는 하나 수행도 있고 증득(證得)도 있으며 계급[3]의 순서에 먼저와 나중이 있으니 이것을 설명하는 것이 교(敎)[4]다.

諸佛開示 頓悟漸修 隨緣不變 性相體用 全收全揀 圓融行布 事事無碍法門 雖有具足 有修有證 階級次第 先後者敎也

| 주 |

1) 교(敎, agama)란 성인의 말씀을 가리킨다. 『현의론(玄義論)』에서 "교란 성인이 하신 말씀"이라 하였고, 『지관론』에서도 "교는 성자들이 하신 말씀"이라고 하였다.

2) 제법은 서로 포섭하기를 중중무진하여도 서로 방해되지 않고 하나와 많음이 같이 있으며 크고 작음이 서로를 용납하며 하나를 들면 전체를 거두어 구족하고 상응(相應)하므로 사사무애라고 한다.

3) 부처님의 가르침에는 옅고 깊음과 먼저와 나중이 있어서 오십오위의 교상판석(敎相判釋), 성문, 연각, 보살, 불의 순서로 나뉘게 된다.

4) 일대시교(一代時敎)라고도 하며, 부처님께서 성도하신 이후 사라쌍수에서 입멸하실 때까지 설하신 대소승의 모든 교법을 말한다. 대개 아함경은 12년, 방등경은 8년, 반야경은 21년을 말씀하셨고 법화경과 열반경은 합해 8년을, 화엄경은 처음 21일 동안에 설하셨다고 한다.

선과 교

선(禪)[1]의 등불은 가섭(迦葉)[2]의 마음으로 붙인 것이다. 모든 조사들의 근본을 서로 전하면서 명상(名相)을 표지(標識)로 들어 본체를 묵묵히 보이시면서 정맥(正脈)[3]을 서로 이어 올바로 종원(宗源)[4]을 전하셨던 것이다.

교(敎)[5]의 바닷물은 아난(阿難)[6]의 입에서 쏟은 것이다. 모든 부처님의 지말(枝末)을 서로 전하면서 법의(法義)[7]의 인과를 보이시고 신해수증(信解修證)[8]케 하시니 만대(萬代)로 교(敎)를 의지하여 종파(宗派)[9]가 바르게 이어졌던 것이다.

禪燈點迦葉之心 諸祖相傳其本 標擧其名默示其體 正脈相承 直傳宗源也 敎海瀉阿難之口 諸佛相傳其本 示以法義因果 信解修證 此萬代依憑 正承流派也

| 주 |

1) 스승과 제자가 서로 법을 전수하는 것이 마치 불과 불을 서로 댕기는 것과 같다 하여 선을 등불에 비유한다.
2) 십대제자 중 두타(頭陀) 제일. 영산회상(靈山會上)에서 부처님의 정법안장을 받아 부처의 심인(心印)을 전하여 선종의 초조가 되었다. 부처님의 유촉을 받들어 계족산(鷄足山)에서 멸진정에 들어 미륵불이 출세할 때를 기다려서 부처님의 승가리(僧伽梨)를 전한다고 한다.
3) 부처님으로부터 서천 28조로 내려오면서 지금에 이르기까지 심법을 이심전심으로 사자상승(師資相丞)하여 끊어지지 않고 바로 이어져 내려온 것을 말한다. 천태(天台)에서는 24조의 부법(付法)을 설정했고 선종에서는 28조의 전등(傳燈)을 세웠다. 즉 부처님의 법을 이어온 인도의 28조를 말한다.
4) 종지의 본원(本源)으로 선종의 근본 요지인 마음. 『삼론현의(三論玄義)』에 "이론을 세우려 한다면 먼저 종원의 순서를 정리해야 한다"고 한다.
5) 부처님의 광대하고 심원한 가르침의 교리를 깊은 바닷물에 비유한다.
6) 백반왕(白飯王)의 아들이며 제바달다(提婆達多)의 동생이다. 부처님의 사촌동생으로 부처님이 성도하신 날 밤에 태어나, 뒤에 부처님을 따라 출가하여 25년 동안 부처님을 시봉하였다. 부처님의 십대제자 중 다문제일(多聞第一)이다. 결집할 때 부처님의 말씀을 외워 경을 만들었다.
7) 불법의 이치를 말함. 『불설비유경(佛說比喩經)』에 "여래께서 대자비로 미묘한 법의를 설한다"고 한다.
8) 신해수증(信解修證) 불도수행(佛道修行)의 일기(一期)로서 먼저 법을 신앙하여 다음에 법을 요해하고 다시 법에 의지해 수행하면 마침내 도과(道果)를 증득하게 됨. 신해행증(信解行證)이라고도 함.
9) 종교의 지말적인 파벌로 교조에서 교의(教義), 행사(行事), 작법(作法) 등이 서로 다르게 되어 생기는 분파를 말한다.

반야에 대하여

자기 성품[1] 가운데 반야(般若)[2]라는 것은 항상 조사의 살아 숨쉬는 말씀을 붙잡고[3] 일어나 힘껏 참구하여 활연히 크게 깨달아야 부처[4]의 문에 들어 갈 수가 있다. 일체 모든 견문각지(見聞覺知)[5]에 마음이 어둡지 않게 된다.

수행문(修行門)의 반야(般若)라는 것은 망심(妄心)이 본래 비어 고요한 줄을 알지 못하여 진(眞)과 망(妄)이 다른 것으로 집착하고 주와 객이 서로 대치(對治)하며 방편으로 수습하여 부처의 문에 들어 서기는 한다. 일체 모든 공용소작(功用所作)[6]에 마음이 분별을 내게 된다.

自性中般若 常常提起祖師活句 盡力參究以豁然大悟 爲入門 一切見聞覺知 心地不昧也 修行門般若 不知妄本空心本寂 眞妄別執能所相治 修習方便 爲入門 一切功用所作心生分別

| 주 |

1) 모든 법은 각각 불생불멸하는 자성을 갖고 있다. 모든 현상의 본체 또는 모든 심상의 체성을 자성이라고 한다.
2) 혜(慧), 명(明), 지혜(智慧)라고 번역함. 진리를 통달한 최고의 지혜를 말한다.
3) 행주좌와 어묵동정하는 수행을 말한다.
4) 부처의 문에는 크게 두 가지가 있는데 문 없는 문과 문이 있는 문이 그것이다. 경절문의 무문관은 문이 없는 문이요, 원돈문(圓頓門)은 문이 있는 문이다.
5) 눈으로 보고 귀로 듣고 코, 혀, 몸으로 냄새, 맛, 촉감을 알고 뜻으로 법을 아는 것. 심식(心識)의 객관세계에 접촉함을 총칭하여 견문각지라 한다.
6) 신구의로 짓는 동작, 말, 생각으로 모든 일상생활을 말함.

선가(禪家)의 눈과 발

자기의 면목(面目)을 돌이켜 비춰보아 여러 성인 조사(聖人祖師)들의 해탈(解脫)[1]을 흠모하지 않는 사람은 선가(禪家)의 눈[眼][2]이라 할만하다.

다른 사람의 시비(是非)를 말하지 않고 항상 자신의 잘못과 허물을 반성하는 사람은 선가(禪家)의 발[足][3]이라 할만하다.

그러므로 달마대사(達磨大師)가 말하기를 "부처의 심종(心宗)을 깨치는 것은 부처와 똑같아서 차이가 없으니 생각과 행동이 상응하는 분을 조사(祖師)라 부른다네" 하였다.

返照自己面目 不慕諸聖解脫者 禪家之眼也 不說他人是非 常省自己過患者 禪家之足也 故達摩云 悟佛心宗 等無差互 解行相應 名之曰祖也

| 주 |

1) 속박에서 벗어난 자유자재를 말함. 열반의 다른 이름.
2) 자력으로 수행하는 학인은 선을 참구하여 선가의 안목을 얻었다는 뜻.
3) 타력으로 수행하는 학인은 염불이나 교학으로 수습(修習)하여 얻는 이로 선가의 준족(駿足)이 될 수 있다는 뜻.
   또한 상근(上根)과 중근(中根)으로 살아 있고 움직이는 불보살 선지식이란 뜻도 됨.

참선(參禪)의 문

생사에서 벗어나고자 한다면 모름지기 조사선(祖師禪)[1]을 참구(參究)하지 않으면 안 된다. 조사선이라는 것은 구자무불성(拘子無佛性) 화두(話頭)이다. 천칠백 공안(千七百公案)[2] 가운데서 제 일의 공안이 된다. 천하의 납자(衲子)[3]들이 무자화두(無字話頭)를 힘껏 참구하기 바란다.

옛날에 한 스님이 조주화상(趙州和尙)에게 묻기를 "개도 불성이 있습니까? 없습니까?" 조주화상이 "없다"고 하자 "모든 준동함령(蠢動含靈)[4]이 다 불성이 있다 하였는데 화상께서는 어떤 이유로 없다고 하십니까? 도대체 '없다' 는 것이 무슨 뜻입니까?" 하였다.

이 무자를 들고 생각생각에 계속해서 다니거나 머무르거나 앉거나 눕거나 간에 눈 앞에 뚜렷이 상대(相對)한다면 마치 한 무더기 모닥불과 같이 가까이 하면 할수록 얼굴이 뜨겁게 달아오르게 될 것이다.

그러므로 불법에는 지해(知解)가 붙을 곳이 없다. 백 번 알지 못하면 백 번 하지 못하며 의식[5]과 사상[6]으로 미칠 수 없어 유심(有心)[7]으로 구하지 못하며 무심(無心)[8]으로 구하지 못하며 언어(言語)로 만들지 못하며 적묵(寂默)[9]으로도 통하지 못하니 추론(推論)으로 얻을까 보냐!

이론의 길이, 생각의 길이 없으며 재미가 없으며 근거가 없으며 모색할 수 없는 데서 이 한생각 의심 덩어리를 하늘을 꿰뚫고 땅을 폭파하듯 부숴버린다면 드디어 생사를 요달(了達)하게 된다.

알음알이를 타파하지 못하면 잡념의 불꽃이 이글거리리니 바로 이럴 때에 다만 의심나는 화두만 꽉 붙잡아 놓치지 않는다면 천만 가지 의혹들이 오직 한 가지 의심이 되게 된다. 이렇게 해도 잡념은 아니며 저렇게 해도 잡념은 아니리라.

불법을 배우려는 사람은 살아 숨쉬는 말씀을 참구해야 한다. 제발 숨막히는 말씀을 참구하지 말라. 살아 숨쉬는 말씀을 참구하여 얻게 되면 충분히 조불(祖佛)과 같은 스승이 되지만 숨막히는 말씀을 참구하여 얻게 된다면 자기 자신도 구제하지 못하게 되리라. 살아 숨쉬는 말씀은 길이 끊어진 경절문(經截門)이다. 생각의 길이 끊어지고 말길이 끊어져서 모색할 수가 없도다.

숨막히는 말씀은 두리뭉실한 원돈문(圓頓門)[10]이다. 이론의 길이 있으며 생각의 길이 있으며 문혜(聞慧)[11]의 사상이 있도다.

若欲脫生死 須參祖師禪 祖師禪者 拘子無佛性話也 一千七百則公案中 第一公案也 天下衲僧 盡參無字話 昔有僧問趙州 狗子還有佛性也無 州答云無 一切含靈 皆有佛性 趙州因甚道無 意甚麽生 此無字 念念相連 行住坐臥相對目前 如一團火 近之則燎却面門 故無佛法知解所着之處 百不知百不會識情思想不到 不可以有心求 不可以無心得 不可以語言造 不可以寂默通擬議得麽 沒理路 沒心路 沒滋味 沒巴鼻 無摸索底上 這一念子 爆地一破方了得生死 情識未破則心大熠熠地 正當伊麽時 但以所疑底話頭 提撕千疑萬疑 只是一疑 左來也不是 右來也不是 大抵學者 須參活句 莫參死句活句下薦得 堪與祖佛爲師 死句下薦得 自救不了 活句者經截門也 沒心路沒語路 無摸索也 死句者圓頓門也 有理路 有心路 有聞慧思想故也

| 주 |

1) 아직도 의해(義解) 명상(名相)에 걸쳐 달마가 전한 참 선미(禪味)에 이르지 못했다 해서 여래선(如來禪)이라 하고 문자의해(文字義解)에 걸리지 않고 바로 이신전심하는 달마가 직접 전한 선법을 조사선이라 한다.
앙산(仰山)이 향엄(香嚴)에게 묻기를 "사제(師弟)의 요즘 견처가 어떠한가?", "내가 창졸간에 말할 수 없습니다" 하면서 게송으로 말하였다. "지난 해 가난은 가난한 것이 못되나 금년의 가난이야말로 참으로 가난합니다. 지난 해 가난은 송곳 꽂을 땅도 없더니 금년 가난은 송곳마저 없다네." 앙산이 말하였다. "그대가 여래선은 얻었으나 조사선은 얻지 못하였구나."
여래선은 교내(敎內)의 불요(不了)한 선이고 조사선은 교외(敎外)의 별전하는 지극한 선이라 하여 반드시 조사선이 여래선 보다 우월하다고 보는 것은 잘못인 것 같다. 조사선도 조사들이 창조한 것이 아니다. 조사선도 여래께서 전하신 선법에서 비롯한 것이다. 경전에 의해서도 깨달음을 얻을 수도 있고 조사의 화두에 의해서도 깨달음을 얻을 수 있다. 문자의해(文字義解)에 걸리는 선을 여래선이라고 하지 말고 의해선(義解禪) 또는 명상선(名相禪)이라 부르는 것이 좋을 듯 싶다. 여래선과 조사선이 수법(手法)의 차이에서 달리 부를 뿐 여래선이 조사선보다 못하다고 보는 것은 잘못된 견해라고 본다. 선교율(禪敎律)은 다 같은 부처님의 마음과 말과 행동인 것이다.
2) 『오등회원(五燈會元)』에 나오는 공안의 수가 대략 천칠백 개라 해서 천칠백 공안이라 부른다. 모든 공안이라는 뜻도 된다.
3) 납승(衲僧)이라고도 한다. 선승(禪僧)을 달리 부르는 명칭으로 선승은 분소의(糞掃衣) 한 벌을 입고 여러 지방을 유행하므로 납자 또는 납승이라 부른다.
4) 꿈틀대는 벌레로부터 모든 심령(心靈)을 가진 중생을 총칭하는 말이다.

5) 육식의 하나. 의근(意根)에 의하여 일어나며 법경(法境)을 요별하는 심왕(心王)이다.

6) 고경(古經)에서는 오온의 하나라고 하였다. 입정의 전방편으로서 사량분별을 가리킨다. 『석선바라밀차제(釋禪波羅密次弟)』에 "밝을 때는 각관반연(覺觀攀緣)하여 사상이 머무르지 않으며 무기중몽(無記瞪矇)하여 각요(覺了)하는 일이 없다"고 하였다.

7) 중생을 말한다. 집착심으로 무엇인가 구애되는 것.

8) 무심에는 다섯 가지 뜻이 있다. ①진심이 망념을 여윈 것. 무심식(無心識)이란 말은 아니다. 또는 망심이 환영과 같아 자성을 얻을 수 없으므로 무심이라 하며 또한 잠시동안 심식이 쉬어서 일어나지 못하게 하므로 무심이라 하며 오위무심(五位無心)과 같다. ②심중(心中)에 한점의 사고분별이 머물러 있는 경지. ③무상(無想)과 같은 뜻. ④무(無)와 심(心)의 뜻으로 혼침과 산란한 마음을 박락(撲落)하고 비사량의 당체에 안주하는 것. ⑤물욕과 세속에 전혀 관심이 없는 경지.

9) 고요하게 앉아 깊이 생각하고 말이 없는 상태.

10) 교종의 문으로 생각으로 헤아릴 수 있고 앞길이 트여 있어 모든 일이 원만하고 순조로운 문이다. 이 문에 들어서면 하택(荷澤)과 같은 지해종사(知解宗師)가 된다고 하였다.

11) 교법을 듣고 얻은 낮은 지혜를 폭넓게 일컫는다. 고매한 지혜와는 다른 것이나 성문 연각의 수준을 얻게 될 수가 있다.

참선이 제일이다

한량없는 행문(行門)[1] 가운데 참선(參禪)이 제일이다. 천천만만(千千萬萬) 번 태어날지라도 곧바로 여래실(如來室)[2]에 앉으리라! 이 일[3]을 알고 싶으면 아무쪼록 조사(祖師)가 열어보인 살아 숨쉬는 말씀을 참구하기 바란다.

먼저 큰 바다와 같은 신심(信心)[4]을 개발(開發)하고 높은 산과 같은 의지[5]를 곧추세워라. 그리고 날마다 사용하는 사위의(四威儀)[6] 가운데서 힘껏 의념(疑念)[7]을 일으켜 냉담하고 재미가 없게 되면 화두만 홀로 남게 되리라.

여기에서 번뇌(煩惱)[8]가 가라앉고 생각의 길이 끊어진다면 대장부[9] 뼈골[10]을 사무치는 추위를 느끼리라. 의심하지 않아도 저절로 의심하게 될 때가 바로 힘을 얻는 곳이다.

이 논밭[11]을 얻게 되면 생사의 불꽃을 끌 수가 있다. 만약 이 말을 듣지 않는다면 당나귀[12]를 찾으러 떠나게 되리라. 공안을 붙잡고 탁마(琢磨)[13]할 때 겉넘지도 탐닉하지도 말라. 허명(虛明)[14]은 수월(水月)과 같이 하고 완급(緩急)은 거문고 줄같이 하라. 아픈 사람이 의사를 찾듯이 어린애가 엄마를 그리워 하듯이 공부가 친절한 곳에 붉은 해[15] 동쪽 기슭에 떠오르리라.

살아 숨쉬는 말씀을 마음에 놓아둔 객(客)은 단신(單身)이든 쌍신(雙身)이든 누구라도 반연(絆緣)[16]에 보답하면서 나날을 감사하게 지내니 염라왕(閻邏王)[17]도 스스로 항복해 온다.

삼도고(三途苦)[18]를 벗어나려면 조사선을 참구하라. 세월은 참으로 아까운 것 한가하게 졸고 있지 마라. 공부는 먼저 분심(憤心)[19]을 일으켜 법(法)을 위해 몸도 잊으면서 살아 숨쉬는 말씀의 의심을 타파해야 비로소 대장부라 불리게 된다.

조주의 잠긴 빗장[20]을 납자(衲子)[21]가 열어 제낀다면 천하노화상(天下老和尙)[22]의 콧구멍[23]을 꿰리라. 조사가 서쪽[24]에서 온 뜻은 뜰앞 잣나무[25]에 있는데 우습게도 남순동자(南詢童子)[26]는 수백 성(城)을 돌아 다녔네.

無量行門中 參禪爲第一 千千萬萬生 直坐如來室 欲識這箇事 須參祖師開 發信大如海 立志卓如山 日用四威儀 盡力起疑團 冷淡沒滋味 話頭獨單單 識況心路絶 丈夫骨應寒 不疑自疑時 當人得力處 得到這田地 可滅生死炬 若不從斯語 驢年始得去. 摩摩提公案 莫浮亦莫沈 虛明如水月 緩急若調琴 病者求醫志 嬰兒憶母心 做功親切處 紅日上東嶺 法句留心客 何人隻得

雙 報緣遷謝日 閻老自歸降 要免三途苦 須參祖師禪 光陰眞可惜 愼勿等閑眼 做功先發憤 爲法便忘軀 法句疑團破 方名大丈夫 趙州關帿子 衲僧如打開 天下老和尙 鼻孔穿却來 西來祖師意 栢樹立處中 可笑南詢子 徒勞百十城

| 주 |

1) 모든 수행의 문.
2) 여래가 되기 위해 닦는 선실(禪室)로 항상 참선하는 그곳이 바로 여래실이 된다.
3) 사량으로 헤아릴 수 없고 언어로 말할 수 없는 일.
4) 살아 숨쉬는 말씀을 참구하면 반드시 성불할 수 있다는 확고부동한 신념.
5) 한번 신심을 세워 참례했으면 어떠한 장애에도 물러서지 않겠다는 불퇴전의 강한 정신력.
6) 행주좌와의 일상생활 속에서 일어나는 모든 행위 동작의 총칭.
7) 의심이 꽉 쌓인 상태.
8) 어지럽고 소란하다는 뜻으로 중생의 신심을 번란(煩亂)시켜 심의(心意)에 견사혹(見思惑)을 일으키므로 번뇌라 한다.
9) 불성의 이치를 깨달은 사람을 진정한 장부라 하여 대장부라 부르며 또 부처님을 다른 이름으로 대장부라 지칭한다.
10) 몸서리치는 체험으로 확철대오(廓徹大悟)함을 뜻한다.
11) 번뇌의 불길이 꺼진 해탈의 경지로 이곳에서 진정한 자비심이 우러나오게 된다.
12) 십이지(十二支)에 원래 당나귀가 없는데 이리저리 찾으려고 애쓴다는 말로 세월만 허비하고 힘만 소비할 뿐이라는 것이다.
13) 단단한 벽돌을 다듬듯이 공안을 붙잡고 공력을 들여 참구할 때를 말함.
14) 망상을 말함. 경에 이르기를 "눈 앞에 손익(損益), 위순(違順) 이상(二想)이 나타나 치닫는 것을 이름하여 허명(虛明)이라 한다"고 하였다.
15) 새벽이 되면 언제나 붉은 해가 동쪽에 떠오르듯이 공부가 간절하여 익을 대로 익으면 자연히 지혜의 빛이 드러난다는 뜻이다.
16) 서로 얽키고 설킨 여러 인연.

17) 유명계(幽冥界)의 왕이다. 염마왕(閻魔王)이라고도 하며 귀신세계의 수령으로서 사후의 유명계를 지배하는 왕. 염라왕이 항복해 온다는 것은 곧 죽음의 사자를 보내지 않는다는 뜻으로 결국은 생사에서 해탈함을 말한다. 염라왕은 일설에는 무색계천에 거주하는데 명계로 출퇴근하면서 근무한다고도 한다.

18) 화도(火塗), 도도(刀塗), 혈도(血塗)로 지옥, 아귀, 축생의 과보의 고통을 말함.

19) 공부할 때는 대신심(大信心), 대분심(大憤心), 대의심(大疑心)을 일으켜야 한다.

『선가귀감(禪家龜鑑)』에서도 "침선하는데 이 세 가지는 반드시 갖춰야 할 요긴한 것으로 하나라도 빠지게 되면 다리가 부러진 솥과 같다"고 하였다.

분심이란 나라고 해서 깨닫지 못할 이유가 없다는 분개한 마음을 일으켜 위법망구(爲法忘軀)하는 정신 상태로 여기서 분심은 신심, 의심을 아울러서 지칭하는 말이다.

20) 관문(關門)의 빗장이란 뜻으로 향상관려자(向上關戾子)를 말한다. 말이 미치지 못하고 생각으로 이르지 못하는 오도의 깊은 뜻을 비유한 것이다. 꽉 잠겨 있는 무자화두를 깨닫기 위해서 수행자가 꼭 넘어야 할 하나의 관문이다.

21) 납(衲)은 기웠다는 뜻으로 기운 천으로 몸을 가리므로 납자(衲子), 납승(衲僧)이라 한다. 승려가 자신을 낮춰 말할 때 납승이라 하며 또한 수행납자라 하여 승려를 높여 부를 때도 납자라고 지칭하기도 한다.

22) 선가의 조사를 말함.

23) 나도 천하의 선지식과 같은 대장부가 되었다는 뜻으로 깨달음을 얻은 자유인의 활달한 기개를 펼친 말이다.

24) 달마대사께서 서천에서 갈대 잎을 타고 동쪽으로 오신 뜻으로 선가에서 유행하는 관용어로 "불법이란 무엇입니까?"하는 질문 화두이다.

25) 정전백수자(庭前栢樹子)란 화두로 조주(趙州)와 법연(法演)의 백수자(栢樹子)가 있는데 조주의 백수자가 널리 알려져 있다.

어느날 한 수행자가 조주에게 물었다.

"어떤 것이 조사께서 서쪽에서 온 뜻입니까?", "뜰 앞의 잣나무니라.", "화상께서는 경계로 사람에게 보이지 마십시오.", "어떤 것이 조사께서 서쪽에서 오신 뜻입니까?", "뜰 앞의 잣나무니라" 하였다.

26) 선재동자(善財童子)를 말한 것으로 『화엄경(華嚴經)』「입법계품(入法界品)」에 나오는 구도자를 말한다.
선재동자는 53선지식을 두루 찾아 뵙고 나중에 보현보살을 만나 십대원을 듣고 아미타불 국토에 왕생하여 입법계의 지원(志願)을 채웠다고 한다. 선재동자가 수백 생을 돌아다니며 구도를 한 행각을 교종의 계급차제(階級次弟)적인 수행으로 빗댄 말.

교가(敎家)[1]의 오십오위(五十五位)[2]

오십오위(五十五位)라는 것은 다만 잡념을 쉬고 망상을 제거하면 과위(果位)를 얻게 되는 것이다.

그러나 학인(學人)들이 채 과위(果位)가 차기 전에 한 계급[3] 올라서서는 그만 거기에 만족하여 법만(法慢)[4]의 해석을 내다가 나중에 참구(參究)하여 크게 깨닫게[5] 되면 앞에 지나온 과위(果位)들이 다 허망하게 변해 버려 아무 쓸모가 없게 된다.

그래서 조사가 말씀하시기를 '차라리 죽을지언정 교가(敎家)의 오십오위(五十五位)는 밟지 않겠다' 고 한 것이다.

五十五位者 但息心除妄之後 得果 所以未滿位前 若到一級 則得少爲足 生解法慢末後入大覺 前之歷位 悉是幻化 無可用處故 祖師云 寧死 不踐五十五位

| 주 |

1) 경 · 율 · 론(經律論) 삼장(三藏)을 연구하여 교법을 사자상승(師資相丞)하는 교종을 말한다.
2) 불도를 수행하는 보살의 향상수양(向上修養)하는 계급을 55단계로 나눈 것.
   여러 경론에서 말하는 계위의 수가 다르다. 『유식론(唯識論)』에선 41위, 『지도론(智度論)』에서는 42위, 『인왕반야경(仁王般若經)』에서는 51위, 『화엄경(華嚴經)』과 『보살영락경(菩薩瓔珞經)』에서는 52위, 일본 홍법화상화상(弘法和尙)의 『비장기(秘藏記)』에서는 54위, 『수능엄경(首楞嚴經)』에서는 56위 등이 보이나 서산대사께서 말씀한 55위는 어느 경론에 의거했는지 분명하지는 않다. 아마도 55위는 십신(十信), 십주(十住), 십행(十行), 십회향(十回向), 십지(十地), 등각(等覺), 묘각(妙覺)에서 연각(緣覺), 보살(菩薩), 불(佛)을 더 첨가한 것 같다.
3) 55위의 각 위(位)들을 마치 한 계단씩 오르는 계급의 차별에 비유하여 한 계급이라고 했다.
4) 법을 얻었다고 자부하며 의시대는 교만.
5) 성문, 연각의 깨달음이 작은데 비해 보살, 불의 깨달음은 큰 깨달음이다. 크게 깨닫게 되면 큰 지혜를 얻게 된다. 살아 숨쉬는 말씀으로 깨달아야 크게 깨닫게 되는 것이다.

교외별전곡(教外別傳曲)[1]

세존(世尊)께서 꽃[2]을 드시자 가섭(迦葉)이 미소 지었네. 금구(金口)[3]를 열어 법을 전한 후부터 달마(達磨)는 텅 비어[4] 부처도 없다 하며 육조(六祖)[5]는 선악(善惡)[6]을 생각하지 말라 하며 회양(懷讓)[7]은 수레[8]가 멈출 때엔 소를 때려야 한다 하네.

행사(行思)[9]의 노릉(盧凌)[10]의 쌀값과 마조(馬祖)[11]의 서강(西江)[12]의 물을 마심과 석두(石頭)[13]의 불법(佛法)[14]을 모르겠다는 것, 운문(雲門)[15]의 떡[16]과 조주(趙州)의 차 한 잔[17], 투자(投子)[18]의 기름[19]과 현사(玄沙)[20]의 백지(白紙)[21], 설봉(雪峰)[22]의 선구(禪毬)[23]와 화산(禾山)[24]의 북[25]과 신산(神山)[26]의 바라[27]와 도오(道悟)[28]의 춤[29] 등 … 옛 부처와 조사들은 다함께 교외별전곡(教外別傳曲)을 노래하였다.

世尊拈花 迦葉破顔 乃至出於口而傳之後曰達摩廓然無聖 六祖善惡不思 讓師車滯鞭牛 思師盧凌米價 馬祖吸西江 石頭不會佛法 雲門糊餠 趙州喫茶 投子沽油 玄沙白紙 雪峰輥毬 華山打鼓 神山鼓羅 道悟作舞 斯等先佛先祖 同唱教外別傳傳之曲也

| 주 |

1) 선종에서 말이나 문자를 세우지 않고 따로 마음에서 마음으로 전하는 것을 말한다.

2) 유명한 염화미소(拈花微笑)로 선종에서 선의 기원을 설명하기 위하여 옛부터 전해오는 이야기.
세존이 어느 때 영산회상에서 법좌에 올라 한 송이 꽃을 드시자 대중이 이 뜻을 알지 못하였다. 그러나 오직 가섭존자만이 부처님의 참뜻을 깨닫고 빙그레 웃으니 세존께서 "나에게 정법안장(正法眼藏) 열반묘심(涅槃妙心) 실상무상(實相無相) 미묘법문(微妙法門)이 있으니 이제 가섭에게 부촉하노라"하셨다.

3) 부처님의 입을 말함.

4) 확연무성(廓然無聖)으로 양무제(梁武帝)와 달마대사가 무공덕(無功德)의 문답을 나눈 후에 무제가 다시 물었다. "어떤 것이 진속이제(眞俗二諦)의 성제(聖諦)입니까?", "확연무성(廓然無聖)." 텅 비어 있어 이른바 성(聖)의 뜻이 없다는 말이다. 무제가 물었다. "짐(朕)과 마주하고 있는 것이 무엇입니까", "불식(不識)." 모르겠다는 말로 달마대사의 모르겠다도 너무나 유명한 화두이다. 달마대사는 양무제와 아직 기연이 맞지 않은 것을 알고 북방으로 떠나 버렸다.

5) 육조 대감선사(六祖大鑒禪師)로 오조 홍인대사(弘忍大師)의 제자. 선종의 제6조임. 중국 선종을 가장 크게 발전시켰으며 혜능(慧能)의 사상은 소박하고 착실했다.

6) 불사선불사악(不思善不思惡)으로 육조 혜능이 오조 홍인의 의발(衣鉢)을 받아 가지고 몰래 동산(東山)을 떠나 버리자 신수(神秀)의 신도들이 이 사실을 알고 육조를 쫓아갔다. 군인 출신인 진혜명(陳惠明)이 걸음이 빨라 육조를 따라 잡고 의발을 빼앗으려 하자 의발이 바위에서 떨어지지 않으니 말하기를 "제가 쫓아 온 것은 의발을 가지러 온 것이 아니고 법

을 구하러 온 것입니다"하며 육조께 거두어 주길 간구하였다. "네가 법을 구하러 왔으면 일체 외연(外緣)을 버리고 일체 사념을 끊어버려라. 그러면 법을 설해 주겠다." 혜명이 절을 하자 "너는 선도 악도 생각하지 말라. 이럴 때 어떤 것이 너의 본래면목(本來面目)인가?" 혜명이 크게 깨달은 바가 있었다. 불사선불사악은 선악의 고정관념을 버리고 본래 청정한 마음으로 돌아가라는 뜻이다.

7) 남악회향선사(南嶽懷讓禪師)는 육조 문하의 이대 전법(二大傳法) 제자 중의 한 분이다. 남악의 아래에서 임제(臨濟), 위앙(潙仰)의 두 종(宗)이 나왔다. 남악의 사상은 기록이 없어 잘 알 수 없으나 도일(道一)과의 대화를 살펴보면 제자들을 자상히 잘 계발(啓發)시켰음을 알 수 있다.

8) 거체편우(車滯鞭牛)로 도일이 전법원(傳法院)에 머물면서 매일 같이 좌선을 하였다. 남악이 보고 그가 법기(法器)임을 알고 가서 물었다. "무엇 때문에 좌선하고 있는가?", "성불하려고 합니다." 남악이 기와조각을 가지고 와서 돌 위에 갈기 시작했다. 마조 도일이 물었다. "기와조각을 갈아서 무엇하려 하십니까", " 거울을 만들려고 한다.", "기와조각을 갈아서 어떻게 거울을 만들겠습니까", "기와조각으로 거울을 못 만든다면 좌선만으로 어떻게 성불할 수 있겠느냐?", "어떻게 해야 성불할 수 있습니까?"하고 묻자 "소수레가 가지 않으면 수레를 때려야 하느냐? 소를 때려야 하느냐? 만약 좌선을 한다면 선은 앉고 눕는 것이 아니다. 좌불(坐佛)을 한다면 부처는 일정한 상태가 없다. 법은 무주(無住)이므로 취사에 집착해선 안 된다. 네가 만약 좌선을 배운다면 부처를 죽이는 일이고 좌상(坐相)에 집착한다면 영원히 진리에 도달하지 못한다"라고 하였다.

9) 청원행사선사(靑原行思禪師)는 육조 혜능의 가장 중요한 전법 제자다. 행사로부터 조동(曹洞)·운문(雲門)·법안(法眼)의 삼종이 나왔으며 청원의 사상을 알 수 있는 기록은 따로 있지 않다. 『전등록(傳燈錄)』에 보면 행사(行思)와 남악(南嶽)의 수법(手法)이 다르다. 남악이 계발식으로 비교적 평탄하고 충실한데 비해 청원은 절단식(截斷式)으로 상대방이 언제나 그의 조치를 알지 못했다. 다음의 노릉의 쌀값이 그 좋은 예다.

10) 한 수행자가 행사선사에게 물었다. "어떤 것이 불법의 대의 입니까?", "노릉의 쌀값은 얼마인가?" 노릉(盧陵)은 지금의 중국 강서(江西)로 청원

이 이곳에서 법을 전했다. 청원은 상대방이 문자언어에서 해석을 내리려는 병통을 차단하였다.

11) 마조도일선사(馬祖道一禪師)는 남악하일세(南嶽下一世)로 남악의 법을 이었다. 처음엔 홀로 선정을 익히다가 뒤에 남악을 뵙고 스승으로 모셨다. 강서 개원사(開元寺)에 있을 때 입실한 제자가 130여 명이었다. 그중에서 유명한 분으로는 백장회해(百丈懷海), 대주혜해(大珠慧海), 석공혜장(石鞏慧藏), 서당지장(西堂智藏), 마곡보철(麻谷寶徹), 염관재안(鹽官齋安), 오설영묵(五洩靈默), 대매법상(大梅法常), 귀종지상(歸宗智常), 남전보원(南泉寶願), 방온거사(龐蘊居士) 등이 있는데 우리나라에도 잘 알려져 있다. 마조의 사상은 두 자기 중요한 점이 있는데 하나는 즉심시불(卽心是佛)을 강조했고, 하나는 평상심시도(平常心是道)를 강조했다. 마조는 상대방에 따라 설법도 달랐다. 우는 아이에게 과자를 주듯이 어느 때는 '즉심시불' 이라 하며 과자를 먹고 울지는 않으나 과자를 더 먹었으며 하는 아이에겐 비심비불(非心非佛)이라고 했다.

12) 방온거사(龐蘊居士)가 처음에 석두희천(石頭希遷)을 뵙고 물었다. "만법과 더불어 반려(伴侶)가 되지 않은 사람은 누구입니까?" 석두가 손으로 방거사의 입을 틀어 막자 어렴풋이 깨닫는 바가 있었다. 뒤에 마조를 뵙고 똑같이 물었다. 그러자 "그대가 한 입에 서강의 물을 다 마시고 오면 일러주겠다" 하는 이 말을 듣고 방온거사가 '크게 깨달았다' 고 한다.

13) 석두희천선사(石頭希遷禪師)는 남악하일세로 청원의 법을 이었다. 12세에 혜능에게 귀의하여 3년을 시봉하였다. 혜능이 입적하려 할 때 석두가 "스님이 가시면 누구에게 의지해야 합니까?" 고 묻자 혜능이 "심사거(尋思去)하라!" 하였다. 석두가 혜능의 말을 오해하여 혜능이 입적한 후 하루종일 고요히 앉아 심사(尋思)하였다. 뒤에 어떤 사람이 와서 보고는 심사거란 행사(行思)를 찾아가라는 뜻이었다는 것을 알려주자 곧바로 청원을 찾아뵙고 스승을 삼았다. 석두의 사상은 마조와 같이 스승의 사상을 이어 받아 즉심시불을 강조했다.

14) 불회불법(不會佛法)으로 문인 도오(道悟)가 석두에게 물었다. "조계(曹溪)의 의지(意旨)를 어떤 사람이 얻습니까?", "불법을 아는 사람이 얻는다.", "화상께서는 얻었습니까?", '나는 불법을 모른다" 고 하였다.

15) 운문문언선사(雲門文偃禪師)는 청원하육세(青原下六世)로 설봉의존선사(雪峰義存禪師)의 법을 이었다. 처음엔 진존숙(陳尊宿)에 참례했다가 뒤에 설봉에게 참례하여 법통을 계승하였다. 조주(韶州)의 설수원(雪樹院)에 머무르다가 만년엔 광동(廣東) 운문산(雲門山)으로 거처를 옮겨 선법(禪法)을 드날렸으며 운문종(雲門宗)을 전개하였다. 운문의 사상은 대단히 민첩하고 말솜씨가 멋들어져 법을 설할 때에 횡설수설로 말을 많이 하다가도 어떤 때는 간단명료하게 단 한 마디로만 대답하였는데 말 한 마디에 무궁무진한 뜻이 들어 있었다고 한다. 이런 것이 운문이 학인을 대접하는 특색이었다.

16) 어떤 스님이 운문에게 물었다. "어떤 것이 부처와 조사를 초월한 말입니까?", "떡이다!"고 하였다. 호병(糊餅)은 깨를 넣어 만든 둥근 떡이다.

17) 조주선사를 찾아온 두 스님에게 물었다. "그대는 전에 여기에 와본 적이 있는가?", "없습니다.", "차 한 잔 마시게!" 다시 다른 스님에게 물었다. "그대는 전에 여기에 와본 적이 있는가?", "있습니다.", "차 한 잔 마시게!"하였다. 이때 옆에 있던 절 원주(院主)가 물었다. "스님께서는 왜 와본 적이 없는 스님이나 와본 적이 있는 스님에게 똑같이 차나 한 잔 하라 하십니까?", "원주!", "예.", "차나 한 잔 마시게!"하였다. '차 마시러 가게나!'로 해석하기도 한다. 세상에 유명한 '차 한 잔'은 조주선사의 평상심의 표현으로 선의 관건이 여기에 있다 하겠다.

18) 투자대동선사(投子大同禪師)는 청원하사세(青原下四世)로 취미무학선사(翠微無學禪師)의 법을 이었다. 조동종(曹洞宗) 계통인 대양계현(大陽警玄)의 법을 이은 투자의청선사(投子義青禪師)와는 다른 스님이다. 투자의청이 꾸밈이 없고 진실하며 소박한 수법인데 비해 투자대동은 행사의 영향을 받은 듯 추상같이 단호한 것이 특징이다.

19) 하루는 조주선사가 동성현(桐城縣)에 이르렀는데 마침 장에 가는 투자를 도중에서 만났다. "이거 투자산주(投子山主)가 아니십니까?" 투자가 말했다. "차나 소금, 돈이나 베가 있으면 시주하십시오." 조주가 먼저 암자에 올라가서 앉아 있으니 투자가 기름 한 병을 가지고 돌아왔다. 조주가 말했다. "투자의 이름은 들은 지 오래나 와서 보니 한낱 기름 파는 늙은이로군.", "당신은 기름 파는 늙은이는 알지만 투자는 모릅니다.",

"어떤 것이 투자냐!" 투자가 기름병을 들고 "기름! 기름!" 하였다.

20) 현사사비선사(玄沙師備禪師)로 청원하육세(青原下六世)로 설봉의존선사(雪峰義存禪師)의 법을 이었다. 30세에 출가하여 설봉과 동문(同門)하였으나 설봉선사를 예로써 대접하여 설봉의 법을 승접(承接)하였다. 뒤에 복주(福州) 현사원(玄沙院)에 머물었다. 현사의 제자 중에서 나한계심(羅漢桂深)이 가장 걸출하다. 현사의 사상은 설봉의 영향을 많이 받았으며 삼계유심(三界唯心)이 그의 대표적인 주제이다.

21) 현사(玄沙)가 한 스님을 시켜 설봉에게 선물을 보냈다. 설봉이 봉함을 뜯어보니 백지 세 폭이 들어 있었다. 심부름한 스님에게 설봉이 물었다. "이 뜻을 알겠느냐?", "모르겠습니다.", "군자의 도는 보지는 못해도 바람처럼 천리를 드날리는 법." 심부름한 스님이 돌아와 저간의 사실을 말씀드리니 현사가 말했다. "산골 늙은이가 가엾게도 알지 못하는구나!", "화상은 어떻습니까?", "봄날에 추울지라도 알지 못한다"고 하였다.

22) 설봉의존선사(雪峰義存禪師)는 청원하오세(青原下五世)로 덕산선감선사(德山宣鑒禪師)의 법을 이었다. 일찍이 투자가 동산에게 참례하였다가 뒤에 덕산의 법통을 계승하여 복주(福州) 상골산(象骨山)에서 크게 선법(禪法)을 폈다. 설봉의 제자 가운데 이름 있는 이는 운문, 현사, 장경(長慶) 등이 있다. 설봉이 학인을 제접하는 방법은 덕산의 풍격(風格)을 이어 받아 불자(拂子)를 사용하길 좋아했다. 어떤 때는 불자를 세우고 어떤 때는 때렸다. 불자는 파리, 모기를 쫓는 일종의 털이개로 일설에는 죽림칠현 등이 대담할 때 손에 들고 멋부리는데 사용했다고 한다. 형태는 말이나 짐승의 털 같은 것을 묶고 손잡이를 붙여서 만든 도구인데 흰말의 꼬리털로 만든 백불(白拂)을 귀하게 여기며 자루에는 장식으로 용 등의 모양을 새긴다. 마음의 번뇌를 털어내는 상징적 의미의 불구로 선종의 장엄구로 쓰였으며 전법의 증표로 사용되기도 한다.

23) 곤(輥)과 구(毬), 즉 막대기와 공으로 좌선할 때 잠을 깨우는 기구로 선구는 공을 말한다.

현사가 설봉에게 물었다. "요새 어떤 사람은 멋지다는데 화상은 어떠하십니까?", 설봉이 선구 세 개를 대번에 던질려고 하니 현사가 방어태세를 취했다. 설봉이 말했다. "네가 영산(靈山)에 있었다면 이와 같았을 것

이다.", "역시 제 집일 것입니다." 설봉이 하루는 법좌에 올라 선구(禪毬)을 꺼내니 현사가 드디어 깨닫는 바가 있었다. 덕산의 방(棒)은 선곤(禪棍)을 사용했던 것으로 보여진다. 덕산의 방, 임제의 할. 설봉의 공의 삼색(三色)이 멋있게 보여진다.

24) 길주(吉州)의 화산무은선사(禾山無殷禪師)는 청원하육세(青原下六世)로 구봉도건선사(九峯道虔禪師)의 법을 이었다. 화산의 사상은 상세히 알 수 없으나 수법은 행사와 크게 다를 바가 없는 것 같다.

25) 어느 학인이 화산화상에게 물었다. "어떤 것이 진제(眞諦)입니까?" 화산이 북[화산타고(禾山打鼓)]을 두드렸다. 또 묻길 "즉심시불(卽心是佛)을 묻지 않습니다. 어떤 것이 비심비불(非心非佛)입니까?" 화산이 북을 두드렸다. "어떤 것이 향상사(向上事)입니까?" 화산이 북을 두드렸다.

26) 신산승밀선사(神山僧密禪師)는 청원하사세(青原下四世)로 운암담성선사(雲巖曇晟禪師)의 법을 이었다. 신산의 수법도 행사와 크게 다를 바가 없는 것 같다.

27) 신산이 남전 앞에서 바라를 쳤다. 남전(南泉)선사가 물었다. "무얼하느냐?" 신산이 바라[신산타라(神山打羅)]를 쳤다. "손으로 치느냐? 발로 치느냐?", "화상께서 말씀해 보십시오." 남전이 말했다. "앞으로 눈밝은 사람을 만나 집안을 이루면 이렇게 하라!" 하였다.

28) 관남도오선사(關南道悟禪師)는 남악하사세(南嶽下四世)로 관남도상선사(關南道常禪師)의 법을 이었다. 천황도오(天皇道悟)와는 다른 스님이다. 도오의 사상은 자세히 모르나 줄타기, 춤 등은 고졸(古拙)한 멋을 풍기는 것으로 좀더 세련된 수법으로 선의 멋을 한껏 부린 것 같다.

29) 한 수행자가 물었다. "어떤 것이 조사가 서쪽에서 오신 뜻입니까?" 도오가 간단히 읍(揖)을 하고는 목검(木劍)을 어깨에 비끼고 춤[도오작무(道悟作舞)]을 추었다. 수행자가 물었다. "그 칼은 어디서 났습니까?" 도오가 춤을 추다 땅바닥에 칼을 떨어뜨렸다. 수행자가 칼을 집어 도오의 손에 쥐어주니 도오가 말했다. "이 칼은 어디서 왔느냐?" 수행자가 대답이 없었다. "삼 일 이내로 한마디 취하도록 허락한다." 수행자가 다시 대답을 못하자 도오가 다시 목검을 어깨에 비끼고 춤을 추었다.

마음[1]을 가리키는 데는 방편[2]이 없다

사조(四祖)[3]가 말하기를 "그대들은 하루 24시간 언제나 자기 마음이 곧 부처의 마음이고 부처의 마음이 곧 자기 마음이란 것을 잊지 말고 믿어야 한다. 가장 수승한 일심(一心)으로 이 법을 전하여 그대들을 깨닫게 하노라!" 하였다.

법(法)[4]을 구하는 사람은 마땅히 구하는 바 없이 구해야 한다. 마음 밖에 부처가 따로 없고 부처 밖에 마음이 따로 없다.

四祖云 汝等十二時中信自心 卽是佛心 佛心卽是自心 最上一心傳之 開悟汝等 求法者 應無所求 心外無別佛 佛外無別心也

| 주 |

1) 직지인심(直指人心) 견성성불(見性成佛)을 말한다. 선종에서 도를 깨우칠 때 사용하는 말로 선을 닦아 자기의 본성을 밝혀 볼 때에 본래의 면목이 나타나서 마음 밖에 부처가 없고 자기 마음이 곧 부처임을 아는 것.
2) 청허대사(淸虛大師)는 마음을 가리키는 데는 방편이 없다고 했는데 도신(道信)의 저서에는 "도에 입문하여 마음을 편안히 하는 데에는 방편이 꼭 필요하다"고 주장했다.
3) 사조도신선사(四祖道信禪師)로 삼조 승찬(僧璨)의 법을 이었다. 도신은 어려서부터 공종(空宗)의 여러 가지 해탈법문을 추구했다. 그리하여 승찬을 만나자마자 처음부터 해탈법문에 대해 물었다. 14세밖에 되지 않은 어린 사미 도신이 승찬에게 물었다. "원컨대 화상께서는 자비로 해탈법문을 해 주십시오.", "누가 너를 묶었느냐?", "묶은 사람은 없습니다.", "그런데 다시 해탈을 구하느냐!" 도신이 언하에 크게 깨달았다고 한다. 도신의 저서 『입도안심요방편(入滔安心要方便)』을 보면 안심(安心) 공부를 강조했음을 알 수 있다.
4) 『유마경(維摩經)』「부사의품(不思議品)」에 "법을 구하는 사람은 모든 법에 마땅히 구하는 바 없이 구해야 한다"고 하였다.

천진한 면목

참 마음[1]은 선악과 반연(伴緣)하지 않는다. 나날로 잡담이 심한 사람은 근기가 천박해지고 옳다 그르다 서로 다투는 사람은 소통(疏通)[2]하지 못하고 경계[3]에 마음이 끄달리는 사람은 정심(定心)[4]이 적으며 고요한 가운데 기연(機緣)[5]을 잊은 사람은 지혜(智慧)가 묻히며 거만하고 마음이 높은 사람은 아만(我慢)[6]이 부풀고 공(空)[7]과 유(有)[8]에 집착하는 사람은 어리석고 문맥(文脈)을 좇아 오증(悟證)을 취하는 사람은 더욱 침체(沈滯)[9]되고 고행(苦行)[10]으로 부처를 구하는 사람은 외도(外道)[11]며 마음이 곧 부처라는데 집착하는 사람은 마군(魔軍)[12]이며 생각을 일으키는 것은 천마(天魔)[13]며 생각을 일으키지 않는 것은 음마(陰魔)[14]며 어떤 때는 일으키고 어떤 때는 일으키지 않는 것은 번뇌마(煩惱魔)[15]다.

그러나 우리 정법(正法) 가운데는 본래 이와 같은 일들이 없다

그대들은 이 사실을 바르게 알아 금강왕보검(金剛王寶劒)[16]으로 모든 것들을 결단하기 바란다.

한 생각 돌이키면 만법(萬法)[17]이 다 허환(虛幻)이 된다. 허환(虛幻)이 되더라도 또한 병이 되는 것이니 한 생각까지도 놓아버리고 놓아버려서 놓아버리겠다는 생각까지도 다시 놓아버려야만 본래 천진(天眞)[18]한 면목(面目)이 드러나게 된다.

眞心佛緣善惡 咾日欲深者 根淺 是非交爭者 未通 觸境生心者 少定 寞寂忘機者慧沈 傲物高心者 壯我 執空執有者 皆愚尋文取證者 益滯 苦行求佛者 爲外 執心是佛者 爲魔 起心是天魔 不起心是陰魔 或起或不起是煩惱魔 然我正法中 本無如是事 請君知箇事 扶提金剛劒 回光一念中萬法皆成幻 成幻又成病 一念須放下放下又放下 舊來天眞面

| 주 |

1) 진실한 마음.
2) 서로 통하여 막힘이 없는 것.
3) 인식작용이 미치는 행위.
4) 안정된 마음.
5) 기는 시기, 연은 인연으로 기회라는 뜻.
6) 나 자신을 믿으며 스스로 높은 체하는 교만.
7) 인연으로 화합되어 생기는 일체 사물은 필경엔 실체가 없으므로 공이라 한다.
8) 인에 대하여 과가 있으므로 이 과를 유(有)라 함. 삼계를 일컬어 삼유(三有)라 하는데, 구유(九有) 등은 모두가 다 생사번뇌가 있다는 뜻이다.
9) 깨달음을 얻기는커녕 더욱 미궁에 빠지는 것을 침체라 한다.
10) 자신의 몸을 괴롭게 하거나, 육체의 욕망을 극히 억제하여 견디기 어려운 여러 가지 수행을 하는 것을 말한다.
11) 불교 이외에 도를 세우고 또는 도 밖의 도을 일컬어 외도라 한다. 진리 이외의 삿된 가르침.
12) 불도를 방해하는 온갖 악한 일들을 모두 마군이라 한다.
13) 사마[四魔: 번뇌마(煩惱魔), 음마(陰魔), 사마(死魔), 천마(天魔)] 중 하나로 천자마(天子魔)의 약칭이다. 욕계 제6천 자재천의 마왕 파순(波旬에겐 수많은 권속이 있어 늘 불도를 방해한다고 한다. 천마는 사람들의 착한 일을 파괴하는 천마외도이다.
14) 오음(五陰)의 색수상행식(色受想行識)은 각기 중생의 불성을 방해하므로 마에 비유되어 음마라 하다.
15) 탐진치(貪瞋痴) 등의 습기가 심신을 뇌해(惱害)하므로 번뇌마(煩惱魔)라 한다.
16) 조사의 살아 숨쉬는 말씀을 말한다. 임제의 일할(一喝)은 일체 모든 정

해(情解)와 갈등을 절단하는 날카로운 칼과 같다 하였다. 『인천안목(人天眼目)』에 보면 "금강왕보검은 단칼에 일체 모든 정해(情解)를 베어버린다"고 하였다.

17) 일체 모든 사물.

18) 천진불(天眞佛)로 법신불(法身佛)의 다른 이름이다. 『증도가(證道歌)』에 "법신(法身)을 깨달음에 한 물건도 없게 되니 본원(本源)의 자성까지 천진한 부처로다"고 하였다.

초발심(初發心)[1] 보살[2]의 수행(修行)

언제 어느 때나 일체 모든 선악(善惡)[3]과 구정(垢淨)[4]과 유위(有爲)[5]와 무위(無爲)[6]와 세간(世間)[7]과 출세간(出世間)[8]과 복덕(福德)[9]과 지혜(智慧)[10]에 구애되고 속박받지 않는 것을 부처의 지혜(智慧)라 한다.

옳고 그름[11]과 예쁘고 미움과 옳은 이치와 틀린 이치와 여러 지식, 견해, 감정 따위에 전혀 계박(繫縛)받지 않는 것을 마음의 자재(自在)라 한다.

이것을 닦아 나가는 것이 처음 발심한 보살의 수행이라 한다.

一切時中 不被一切善惡 垢淨 有爲無爲世出世間 福德智慧之所狗繫 名佛智慧 是非好醜 是理非理 諸知見情 盡不能繫縛處是心自在 名初發心菩薩修行

| 주 |

1) 처음 마음을 일으켜 불교를 배우는 것. 보리(菩提)를 구하는 마음을 처음 일으킨 것.
2) 보디사트바(Bodhisattva)의 음역으로 보리살타(菩提薩埵)라 하는데 줄여 보살이라 한다. 각유정(覺有情), 도중생(道衆生), 개사(開士), 고사(高士), 대사(大士) 등으로 번역함. 깨달은 유정(有情)이라는 뜻. 위로는 불과(佛果)를 구하고 아래로는 중생을 교화하는 대성인, 성불하기 위하여 수행에 힘쓰는 이의 총칭이다.
3) 이치에 합당하면 선이라 하고 이치에 어긋나면 악이라 한다.
4) 구(垢)는 번뇌(煩惱), 정(淨)은 보리(菩提)의 별명(別名)이다.
5) 인연으로 말미암아 조작되는 모든 현상. 여기에는 생주이멸(生住異滅)의 형태가 반드시 있게 됨.
6) 모든 법(法) 즉, 모든 것의 진실체(眞實體) 인연인 위작 조작을 여의고 생주이멸 사상(四相)의 변천이 없는 진리를 말함.
7) 과거 · 현재 · 미래 등 삼세(三世)의 시간을 세(世)라 하고, 동 · 서 · 남 · 북 · 상 · 하 등 시방의 공간을 간(間)이라 한다. 일반적으로 말하는 세간이란 우주의 뜻이다.
   불교에서는 삼라만상의 대지를 세간이라 하고, 우주와 인생을 통틀어 세간이라 하기도 하며 중생이 의지하고 사는 우주국토를 기세간(器世間)이라 부르며, 중생이 미혹으로 업을 지으며 느끼는 생사와 존재의 멸망이 있는 우리 색신(色身)을 일컬어 유정세간(有情世間)이라 부른다. 또한 일체 모든 생사의 것을 세간이라 한다.
8) 일체 모든 생사의 법을 세간이라 한다면 불생불멸의 열반은 출세간(出世間)이라 한다. 고집이제(苦集二諦)는 세간이며 멸도이제(滅道二諦)는 출세간이다.
9) 선행에 대한 과보로 받는 복리(福利), 복스러운 공덕이다.

10) 일체 모든 사상(事相)을 아는 것을 지라 하고 일체 모든 사리를 이해하는 것을 혜라고 함. 모든 사상과 도리에 대하여 그 시비 사정을 분별 판단하는 마음의 작용이다. 사실 복덕과 지혜는 불보살의 이중장엄(二重莊嚴)으로 여기서의 구애받지 않는 '복덕과 지혜'는 일반적으로 일컬어지는 복덕과 지혜로, 부처의 '복덕과 지혜'와는 차원이 다른 것이다.

11) 시비에는 ①잘잘못, ②옳으니 그르니 하고 다투는 일, ③이러니 저리니 좋지않게 말하는 일 등의 뜻이 있다.

대승인(大乘人)[1]의 수행

모든 빛깔[2]과 소리[3]에 막히고 구애되지 않고 선악과 시비를 운용하지 않으며 일체법(一切法)[4]을 헤아리지도 않고 일체법을 버리지도 않는 것을 대승인의 수행이라 한다.

一切聲色 無有滯得 善惡是非 但不運用不度一切法 不捨一切法 名爲大乘人修行

| 주 |

1) 대승(大乘, Mahayāna)은 보살의 법문으로 구세이타(救世利他)를 종지로 하며 최고의 과위(果位)는 불과(佛果)다. 대승은 범부가 수행하여 부처가 되는 것으로 52개 계위(階位)를 세운다. 즉 십신(十信), 십주(十住), 십행(十行), 십회향(十廻向), 십지(十地), 등각(等覺), 묘각(妙覺)이다. 십신은 십주 가운데 제일발심주(第一發心住) 안에서 나눠진 것으로 발심주 안으로 움츠려들어가면 42위밖에 되지 않는다. 십주, 십행, 십회향을 삼현(三賢)이라 부르며 자량위(資糧位)라 할 수 있으며 십지는 십성(十聖)으로 수습위(修習位)다. 시간으로 말하면 삼대아승지겁(三代阿僧祇劫)을 수행해야 한다. 도표로 설명하면 다음과 같다.

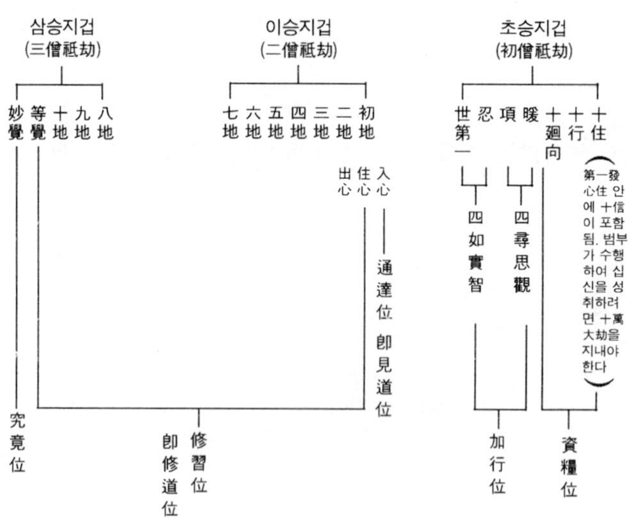

2) 빛깔 즉, 색(色)은 모든 형상이 있는 것과 공간을 점유하고 있는 물질을

말한다. 색은 내색(內色)·외색(外色)·현색(顯色)·표색(表色)·형색(形色)으로 나눌 수 있다. 내색은 안·이·비·설·신·의의 오근(五根)으로 몸 안에 속하므로 내색이라 하고, 외색은 색·성·향·미·촉·법의 오경(五境)으로 바깥 경계에 속하므로 외색이라 하고, 현색은 우리들이 항상 보는 안색(顏色)으로 청황적백(青黃赤白) 등등을 현색이라 하고, 색신의 여러 가지 동작인 취하고, 버리고, 굽히는 등등의 표상을 표색이라 하고, 형색은 물체의 형상(形狀)인 길고, 짧고, 모나고, 둥글고 등등을 말한다.

3) 귀로 들을 수 있는 대상이 소리이다. 『구사론(俱舍論)』에서는 소리를 여덟 가지로 나눈다. 먼저 유정(有情)과 비정(非情)의 사대종(四大種)으로 나누고 여기에 유정명(有情名), 비유정명(非有情名)으로, 다시 각각 가의(可意)와 불가의(不可意)로 나누어 여덟 가지 소리라 한다. 도표로 설명하면 다음과 같다.

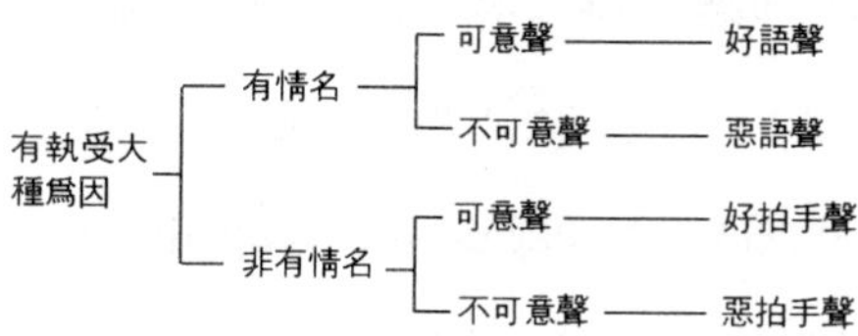

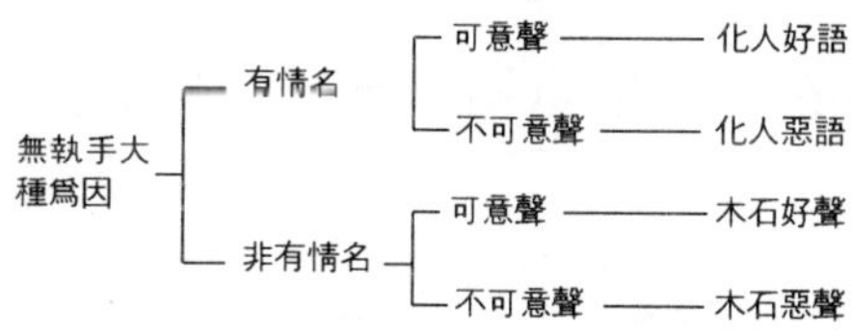

4) 일체 도리 또는 일체 사물의 뜻이다. 『지도론(智度論)』에 "일체법에 세 가지가 있다. 유위법(有爲法), 무위법(無爲法), 불가설법(不可說法)으로 이 셋을 묶어 일체법이라 한다"고 하였다.

선가(禪家)에선 지해(知解)[1]가 가장 큰 병이다

지해(知解)는 불법의 가장 큰 병이다. 하택(荷澤)[2]이 조계(曹溪)[3]의 서자가 된 것도 이 지해 때문이다. 『유마경(維摩經)』에 "가지고 있는 것을 치워라"고 한 것과 『법화경(法華經)』에 "똥을 치우면서 선불(先拂)을 받는다"고 한 것은 다 지해를 꼬집은 것이다.

지해(知解)가 바른 지견(知見)[4]을 가로 막는 것은 마치 쉰 밥[5]으로 아귀[6]에게 제사지내고 폐수[7]로 마음의 논을 더럽히는 것과 같다. 조주(趙州)의 무자(無字)를 한번 쳐다보는 것만도 못하다.

知解者 佛法之大病也 荷澤爲曺溪之孽子者 以此也 維魔經云 除去所有 法華經云除糞取價 皆此知解處也 是故 知解之碍正知見 一似餿飯之祭餓鬼 一似惡水之汚心田也 不如看趙州無字也

| 주 |

1) 지식이 풍부하여 해석을 많이 하는 병통을 말한다. 법안대사(法眼大師)가 말하길 "고인(古人)이 수기(授記)하심은 괜찮았는데 요즘에는 지해(知解)로 종(宗)을 삼으니 하택(荷澤)이 바로 그 작자다"고 하였다.
2) 하택신회선사(荷澤神會禪師). 『오등회원(五燈會元)』에 보면 육조가 대중에게 말했다. "나에게 한 물건이 있으니 머리도 꼬리도 없으며 이름도 글자도 없으며 앞뒤도 없다. 너희들은 알겠느냐?" 신회(神會)가 나서서 말했다. "이것은 제법의 본원이며 신회의 불성입니다.", "나에게 이름도 글자도 없다고 했는데 너는 본원이다. 불성이다 하느냐!" 신회가 예배하고 물러나자 육조가 말했다. "이 자는 앞으로 풀로 머리를 덮는 지해종도(知解宗徒)가 되리라."
3) 중국 광동성 소주부의 동남으로 30리 가면 쌍봉산 아래에 있는 지명이다. 그곳에 조계라는 강이 있다. 육조 혜능대사가 이곳 보림사(寶林寺)에서 선풍을 드날렸으므로 육조를 일컬어 조계라 한다.
4) 의식에 있으면 지(知)라 하고 안식(眼識)에 있으면 견(見)이라 한다. 또 각료(覺了)를 지라 부르며 추구(推求)를 견이라 부른다. 삼지(三智)를 지라 하고 오안(五眼)을 견이라 하니 모두 혜(慧)의 작용이다.
5) 선망부모 원근친척에게 제사 지날 때 결코 쉰 밥으로 제사를 지내지는 않을 것이다. 그러므로 지견(知見)을 지해(知解)로 계발(啓發)하지는 못한다는 뜻.
6) 아귀는 항상 배고파 하는 귀신이다. 이 중에서 좀 위덕이 있는 귀신은 사람이나 제실의 귀신이 되어 제물(祭物)이나 사람들이 버린 음식을 먹으나, 위력이 없는 귀신은 항상 음식을 얻어 먹지 못해 굶주린다. 설사 음식을 얻었다 해도 입에 넣자마자 불로 변해 고통으로 변하니 항상 배고픔에 헐떡이므로 아귀라 한다. 발우 씻은 천수(千手)물은 바늘구멍만 한 아귀의 입에 들어가 청량수로 변해 배고픔과 갈증을 멎게 한다고 한

다. 천수물은 큰방 천장에 붙여놓은 천수다라니가 발우 씻은 물에 비치고 또 대중이 외우는 시식게송으로 만들어진다.

7) 지해(知解)가 바른 지견(知見)을 장애하는 것은 마치 구정물로 가사를 세탁하는 것과 같으며 지해는 마음의 눈을 더럽히는 폐수와 같다.

상근대지(上根大智)[1]가 스스로 깨닫는 곳

아버지, 어머니[2]는 우리의 육친(肉親)이 아니다. 누가 우리의 육친인가? 눈먼 거북이와 찢어진 자라다.

모든 부처님은 우리의 도사(導師)가 아니다. 누가 우리의 훌륭한 도사(導師)인가? 너의 도사는 마음이다.

대장부는 하늘을 꿰뚫는 기상이 있어야 한다. 여래(如來)가 갔던 곳을 다시 가지 마라.

父母非我親 誰是最親者 盲龜破鼈親 諸佛非我道 誰是最道者 汝道與心親 丈夫自有衝天志 不向如來行處

| 주 |

1) 상근기(上根機)의 대지혜로 살아숨쉬는 말씀을 할 만한 조사와 같은 훌륭한 사람이란 뜻으로 독창적인 가풍을 세워 임한다는 뜻이다.
2) 불교는 인도에서 시작해 중국을 거쳐 우리나라에 전래된 것이 아님을 알아야 한다.

사람과 사람은 본래 평등하다

방(棒)을 맞고 도를 얻는다 해도 덕산(德山)[1]이 지는 것이며 할(喝)을 듣고 법(法)를 잇는다 해도 임제(臨濟)[2]를 매장시키는 일이다.

하물며 다시 가지와 덩쿨을 이끌어서 횡설수설하여 산승(山僧)의 입을 더럽히고 선객(禪客)의 귀를 막을까 보냐!

조금 있다[3]가 말했다. "동쪽을 바르고 서쪽을 닦는 것을 어찌 천진면목(天眞面目)[4]이라 하리요!"

棒頭取證 事負德山 喝下承當 埋沒臨濟況復牽枝引蔓 橫說堅說 汚却山僧口 塞却禪子耳 良久云 東塗與西抹 豈似天眞面

| 주 |

1) 덕산선감선사(德山宣鑒禪師)로 『금감경』으로 유명하여 주금강(周金剛)이라 불리다가 용담(龍潭)의 법을 이었다.
선문에서 유행되는 말로 덕산방(德山棒) 임제할(臨濟喝)이라 한다. 덕산은 도를 일러도 삼십 방(三十棒), 못 일러도 삼십 방이라 하여 학인을 몽둥이로 때리기를 즐겨했고 임제는 학인들에게 고함치기를 좋아했다. 방과 할은 철저한 불입문자의 시설(施設)로 분명하고 철저한 수법이다.
2) 임제의현선사(臨濟義玄禪師)로 임제종의 개산조. 황벽희운의 제자이다. 조주(曹州) 남화(南華) 사람으로 속성은 형씨(邢氏)이다. 법명은 의현, 법호는 임제이고 시호는 혜조선사(慧照禪師). 탑호는 징영(澄靈)이다. 스승 황벽의 방(棒)의 은혜를 입고 임제는 할(喝)을 즐겨 사용하였다. 임제의 탁개(托開), 삼구, 사할 등이 유명하다.
3) 말 없이 한참 있는 것을 양구라 하는데 말 없는 말로 일종의 살아숨쉬는 말씀이다.
4) 순진무구한 마음으로 곧 부처자리를 말함.

당사자[1]가 스스로 수긍하고 깨닫는 곳

법을 배우는 사람은 스스로 사량(思量)으로 미치지 못하고 언어로 미치지 못하는 곳에서 다만 과거 · 현재 · 미래 여러 부처님은 어느 곳에서 나오셨으며 역대 조사는 어느 곳에서 나왔으며 삼계(三界)[2]의 중생은 어느 곳에서 왔는가! 하는 이 모르고 모르는 것을 붙잡고 당사자가 오래오래 참구해 가면 홀연히 계합하여 스스로 수긍하고 깨달아 지혜의 광명이 밝게 드러나 칠통(柒桶)이 깨지면서 비로소 불실(佛室)의 문없는 문(門)에 들어서는 것이다.

學者 須自到思量不及 言語不及處 但提擧不知三世諸佛 徒何處出 歷代祖師 徒何處出 三界衆生 徒何處來 久久當人 忽然黙契 自肯自悟 慧光發明 打破漆桶 然後始得入門

| 주 |

1) 목마른 사람이 우물을 파듯이 불법을 처음 배우려는 자기 자신을 말한다.
2) 삼계(三界)는 욕계(欲界) · 색계(色界) · 무색계(無色界)를 말한다. 욕계는 음욕과 식욕이 있는 중생이 사는 세계이다. 위로 육욕천(六欲天)으로부터 사람, 축생이 거주하는 사대주(四大州)와 아래로는 무간지옥까지 다 욕계에 속한다. 색계는 음욕과 식욕은 없지만 색상(色相)이 있는 중생이 머무르는 세계이다. 사선(四禪) 십팔천(十八天)이 다 색계에 속한다. 무색계는 색상도 없지만 심식이 머물러 깊고 묘한 선정의 중생이 머무르는 세계로 사공천(四空天)이 여기에 속한다. 삼계는 모든 범부의 생사가 왕래하는 경계이므로 불교의 행자(行者)는 삼계를 뛰어 넘는 것을 목적으로 한다.

부처님이 말씀하신 삼구(三句)

제일구(第一句)는 삼처전심(三處傳心)[1]이며 제이구(第二句)는 화엄삼전방편(華嚴三傳方便)[2]이며 제삼구(第三句)는 일대소설(一代所說)이다.

三處傳心第一句 華嚴三傳方便第二句 一代所說第三句

| 주 |

1) 선종에서 말하는 부처님께서 세 곳에서 가섭에게 마음을 전한 것을 말한다. 세 곳은 영산회상의 염화미소와 다자탑 앞에서 자리를 내 준 것, 또 쌍림의 관 속에서 발을 내민 일이다.
2) 삼전법륜(三傳法輪)으로 두 가지 방면으로 생각할 수 있다. 하나는 여래의 설법 시기를 나눈 것이다. 하나는 근본법륜으로 부처님이 처음 성도하셨을 때 보살을 상대해서 화엄경을 설하셨으니 일승교(一乘敎)에 속해 제법의 근본이 되므로 근본법륜(根本法輪)이라 한다. 둘째는 지말법륜(枝末法輪)으로 중생들이 일승교를 잘 이해하지 못하므로 부처님께서 아함(阿含), 반야(般若), 방등(方等)의 여러 경을 이어서 설하시니 지말법륜이라 한다. 셋째는 섭말귀본법륜(攝末歸本法輪)으로 부처님께서 법화경을 설하시어 삼승(三乘)을 화합해 일불승에 귀속케 하시니 곧 지말을 포섭하여 근본에 귀속케 하므로 섭말귀본법륜이라 한다.
또 하나는 부처님께서 성도하신 후 먼저 녹야원(鹿野苑)에서 사성제(四聖諦)를 설해 다섯 비구를 제도하시니 이것이 초전법륜(初傳法輪)이다. 이어서 다시 거듭 세 번을 설하시니 삼전법륜이라 한다. 첫째는 시전(示轉)이다. 부처님께서 이근자(利根者)에서 설하신 것으로 "이 고(苦)는 핍박성이다. 이 집(集)을 초감성(招感性)이다. 이 멸은 가증성(可證性)이다. 이 도는 가수성(可修性)이다"하고 설하시면 근기가 예리한 사람은 하나만 들어도 곧 깨닫게 된다. 둘째, 권전(勸轉)으로 부처님께서 중근자(中根者)에게 설하신 것이다. "이 고(苦)를 너는 알아야 한다. 이 집(集)을 너는 끊어야 한다. 이 멸(滅)을 너는 증득해야 한다. 이 도를 너는 알아야 한다"라고 설하시면 중근자는 믿고 수지하여 받들고 행하게 되는 것이다. 셋째는 증전(證轉)으로 둔근인(鈍根人)이 여전히 신해(信解)하지 못하는 것을 두려워 하는지라 부처님께서 자신의 증득을 인용해 수행이 헛되지 않음을 밝히신 것이다. 즉 "이 고(苦)를 나는 이미 알았다. 이 집을 나는 이미 끊었다. 이 멸을 나는 이미 증득하였다. 이 도를 나는 이미 닦았다' 하고 말씀하시면 근기가 무딘 사람은 의심과 걱정을 제거하고 믿고 따르게 되는 것이다. 화엄이란 부처님의 만덕을 꽃에 비유한 것이다. 마치 꽃의 만덕(萬德)으로 법신을 장엄한다 하여 화엄이라 하였다.

자성(自性)[1]에는 이견(二見)[2]이 없다

자성 가운데에는 본래 범부(凡夫)다 성인(聖人)이다 하는 두 가지 견해(見解)가 없다. 이 두 가지 견해를 놓아버리면 한 생각만 홀로 나타나는데 눈앞에 나타난 한 생각은 사람사람의 본원심(本源心)[3]이며 본법(本法)[4]이며 신령스럽게[5] 아는 마음이지만 중생은 마음 밖에서 부처를 찾고 상(相)에 걸려 부처를 구하는 까닭에 부처는 서쪽에 계시고 나는 동쪽에 있게 된다. 이리하여 '자성(自性)의 아미타불[6]이다.' '서방(西方)의 아미타불[7]이다' 하는 것이다. 불법을 배우는 사람들은 이 두 가지 견해에 떨어지지 않길 바란다.

自性中 本無凡聖二見 二見放下 一念獨出 現前一念者 人人本源心 亦是本法 亦是靈知之心 衆生 心外覓佛 滯相求佛故 佛在西我在東 於此名立自性彌陀 西方彌陀願學者 不落此見法

| 주 |

1) 제법은 각기 불생불멸하는 자성이 있다. 모든 현상의 본체 또는 모든 심상의 체상을 자성이라 한다.

2) 유정세간(有情世間)에서 갖게되는 상대적인 차별 개념. 예를 들어, 있다고 편집(編執)하는 사견을 유견(有見)이라 하며 없다고 편집하는 사견을 무견(無見)이라 한다. 몸과 마음이 단멸한다고 집착하는 견해를 단견(斷見)이라 하며 무견(無見)에 속하고 몸과 마음이 실로 상주(常住)한다고 집착하는 견해를 상견(常見)이라 한다.

3) 자성의 청정한 마음.

4) 본주법(本住法)으로 법계의 법으로 본래 상주하고 있어 부처가 있거나 없거나 간에 항상 성상(性相)은 변함이 없다.

5) 영각(靈覺)으로 중생이 본래 갖추고 있는 신령스러운 각오(覺悟)의 성(性). 『조론(肇論)』에 "삼라만상이 다 없어진다 해도 영각만은 존재한다"고 하였다.

6) 심성의 도리를 말한다면 본래 자타가 둘이 아닌 것이다. 염불하는 사람이 아미타불을 보는 것은 자기의 심성 속에서 나타난 것으로 밖에서 온 것이 아니므로 자성의 아미타불이라고 부르는 것이다.

7) 아미타불(阿彌陀佛, amitabudda)은 무량(無量)하다는 말로 무량수(無量壽), 무량광(無量光)이라 하는데 서방 극락세계 교주의 이름이다. 『아미타경(阿彌陀經)』에 "그 부처님은 어찌하여 아미타라 하는가?" 하고 묻자 사리불이 답하길 "그 부처님의 광명은 무량하여 시방을 비추어 장애됨이 없습니다. 그러므로 아미타불이라 합니다. 또한 그 부처님의 수명과 그 인민의 수명은 무량무변한 아승지겁입니다. 그래서 아미타라 합니다"라고 하였다. 『평등각경(平等覺經)』에는 그 부처님을 "무량청정불(無量淸淨佛)"이라 부른다.

   아미타불은 지금부터 십겁(十劫) 이전에 성도하여 현재 서방 극락세계에 머물며 대중을 위하여 설법하고 있다고 알려져 있다. 『무량수경(無量壽經)』에 "과거 무량겁에 정광여래(錠光如來)가 출세(出世)하였다. 그뒤 광원(光遠) 등 52부처님이 차례로 출세하고 다음 세자재왕여래세(世自在王如來世)에 출현할 때, 국왕이 그 부처님의 설법을 듣고 무상보리심(無上菩提心)을 발하여 왕위를 버리고 출가하여 법장(法藏)이라 이름하며 세자재왕여래의 처소에 가서 원(願)을 가지고 그 상을 찬탄하고 스스로 정불국토(淨佛國土)의 법을 수행하고자 하였다. 부처님은 곧 210억의 모든 불찰토(佛刹土) 천인의 선악과 국토의 현묘를 설하고 또한 그 심원(心願)에 응하여 모든 제찰토(諸刹土)에 나타나 보였다. 때에 법장비구는 부처님의 설교를 듣고 또 제불찰토(諸佛刹土)를 보고는 무상수승한 숙원을 발하고 오겁간(五劫間)을 생각하여 모든 찰토에 대하여 선택하고 48대원(大願)을 연(演)하여 영겁간에 공과 덕을 쌓아 십겁 이전에 정각을 성취했다고 함. 또한 『혜화경(慧華經)』에서는 미타의 인위(因位)를 무정념(無靜念)이라는 전륜성왕(轉輪聖王)이라 하였다. 사불(師佛)은 보장여래(寶藏如來)라 하고, 지도자는 석가의 전신으로 보장여래의 부친인 보해범지(寶海梵志)라 하고 관음, 세지, 문수, 보현, 아촉 등을 왕의 천자(千子)로 하였고, 또한 『아미타고음성왕다라니경(阿彌陀鼓音聲王陀羅尼經)』에는 아미(阿彌)의 아버지를 월상전륜성(月上轉輪聖), 어머니를 수승묘안(殊勝妙顔)이라 하며, 아들은 월명(月明)이라 하였다. 『법화경(法華經)』에는 미타(彌陀), 아촉(阿閦), 석가(釋迦) 등을 모두 대퇴지승불(大退智勝佛)의 16왕자의 일인(一人)으로 하였다. 그 부처님의 본원과 정토에 관하는 교의는 깊이 인심(人心)에 투영되어 결과를 인정받을 뿐만 아니라 『반주삼매경』에는 "아미타불의 몸에 32상이 있고 곧 상이 미조(微照)하여 단정무비(端正無比)하다" 하였다.

법(法)[1]에는 늙고 병듦이 없다

강월헌대사(江月軒大師)[2]께서 병(病)이 든 운도(雲道)[3]스님에게 말씀하셨다. 네가 중병(重病)에 들었다 하나 미심쩍도다. 무슨 병(病)인가? 몸이 아픈 것인가? 마음이 아픈 것인가? 몸이 아프다면 몸은 지수화풍(地水火風)[4] 사대(四大)가 가합(假合)한 것인데 어느 곳이 아픈 것인가? 마음이 아프다면 마음은 수상행식(受想行識) 사온(四蘊)[5]이 가합한 것인데 어느 곳이 아픈 것인가? 고병(苦病)은 어느 곳에서 왔으며 아프다는 것은 무엇이며 아픔을 모른다는 것은 무엇인가? 하고 참구해 보라. 참구해 보고 참구해 보면 돌연히 깨닫게 되리라. 간절히 부탁하고 간절히 부탁한다. 병승(病僧)[6]은 모름지기 생사(生死)[7] 두 글자가 온 곳을 참구해야 한다.

생(生)도 얻지 못하며 사(死)도 얻지 못하며 천당(天堂)[8]도 얻지 못하며 지옥(地獄)[9]도 얻지 못하다가 마침내는 '이것이 무엇인가?'

하는 이것만[10] 남으리라. 생사(生死) 두 글자를 그대는 아는가 마는가? 병(病)이라고 느낀 것은 본래 병이라고 할 수 없는 것이니라.

江月軒大師 爲病僧雲道者 曰汝若重病未審 是何病耶 是身病耶 是心病耶 若身病則身爲地水火風四大假合 是誰病者 若心病則心爲受想行識四蘊假合 是誰病者 然則痛苦者 從何處來 又不知病者 是箇什麽 請如此參看 看來看去 驀然省去也 至囑至囑這病僧 看生死二字來處 生也不得死不得 天堂不得地獄不得 畢竟是箇什麽阿我也 二字君知否 病覺 元來病不歸

| 주 |

1) 모든 사물을 말한다. 자신의 독특한 성품을 가지고 있어 궤범(軌範)이 되어 다른 이에게 일정한 요해를 내게하는 것이 사물이다. 모든 사물은 크든 작든간에 형상이 있거나 형상이 없거나 모두 법(法, Dharma)이라 한다. 형상이 있는 것을 색법(色法)이라 하고 형상이 없는 것을 심법(心法)이라 한다.
2) 고려 스님(1320~1376)으로 이름은 혜근(慧勤), 강월헌은 나옹(懶翁)선사의 당호이다. 영해(寧海) 사람으로 20세 때 이웃 동무가 죽는 것을 보고 어른들에게 사람이 죽으면 어디로 가느냐고 물었으나 아는 사람이 없으므로 비통한 생각을 품고 공덕산 묘적암에 가서 요연(了然)스님에게 출가하였다. 요연스님이 물었다. "여기 온 것은 무슨 물건이냐!", " 말하고 듣고 하는 것이 왔는데 보려고 해도 볼 수 없고 찾으려 해도 찾을 수가 없습니다. 어떻게 닦아야 합니까?", "나도 너와 같아서 알 수 없으니 다른 스님을 찾아 묻도록 하라." 스님은 그곳을 떠나서 여러 곳으로 돌아다니다가 1344년 양주 회암사에서 4년 동안 좌선하여 깨달은 바가 있었다. 중국 원나라 북경에서 지공(指空)선사를 뵙고 계오(契悟)한 바 있었다. 1376년 고려 무왕 2년에 왕명을 받아 밀양의 영원사로 가다가 여주의 신륵사에서 입적하였다.
3) 자세히 알 수는 없다. 나옹선사의 문도인 듯함.
4) 지(地)는 딱딱한 성질, 수(水)는 축축한 성질, 화(火)는 따뜻한 성질, 풍(風)은 움직이는 성질을 가졌다. 세간의 모든 유형물질은 모두 다 이 사대로 구성되어 있다. 사대(四大, Mahabuta)는 가실(假實)의 2종이 있다. 실은 사계(四界) 혹은 사대계라 하고 가(假)는 다만 사대라 한다. 실(實)의 사대는 ①지대는 성질이 견고하여 만물을 지지(支持)하고, ②수대는 성질이 습하여 만물을 수습하며, ③화대는 성질이 온화하여 만물을 조숙(調熟)하고, ④풍대는 성질이 동적이며 만물을 생장한다. 신근(身根)이

제색(諸色)에 저촉하여 견(堅)·습(濕)·난(煖)·동(動)을 각지(覺知)한다. 가(假)의 사대는 세간에서 말하는 지수화풍이다. 『성실론(成實論)』에서는 "실(實)의 사대는 없고 오직 가의 사대만 있어서 색·성·향·미·촉·법의 사진(四塵)이 일체 색법의 육조(育造)라" 하였다. 사진(四塵)이 화합하여 사대를 성취하므로 사대가 오직 가법이 된다. 『원각경(圓覺經)』에 "사대를 망인(忘忍)하여 자신상이라 한다" 하였고, "항상 이런 생각을 한다. 나의 이 몸은 사대가 화합한 것으로 머리카락, 털, 손톱, 발톱, 살, 근육, 골수는 모두 지로 돌아가고, 침, 콧물, 고름, 피, 진액, 가래, 눈물, 정기, 대소변은 모두 물로 돌아가고, 따뜻한 기운은 불로 돌아가고, 동전(動轉)은 바람에 들어간다. 사대가 각각 여의는 것 지금 망신(妄身)이 어디 곳에 있는가!" 하고 생각하여야 한다고 했다.

5) 수상행식(受想行識)에 색을 첨가하여 오온(五蘊)이라 한다. 색(色)은 사대(四大)로 만들어진 것이며, 수(受)는 고락사(苦樂捨)의 감수작용이며, 상(想)은 상상(想像)으로 선악증애(善惡憎愛) 등의 경계에서 여러 가지 모양을 취해 생각을 일으키는 것이며, 행(行)은 행위로서 생각을 행동으로 옮기는 것이며, 식(識)은 대상을 판별하는 경계이다.

6) 병이 든 스님이나 자신을 낮추어서 병승이라 한다.

7) 모든 중생이 혹업(惑業)으로 말미암아 초래되는 것으로, 나게 되면 죽게 되고 죽으면 또한 태어나게 된다. 생사에는 분단생사(分段生死)와 변역생사(變易生死)가 있다. 분단생사는 범부 중생들이 삼계(三界) 안에서 육체상으로 있는 생사이고, 변역생사는 보살들이 삼계 밖에서 정신상으로 심념(心念)이 생멸하는 생사이다.

8) 천은 광명, 자연, 청정, 최승의 뜻이 있다. 인간 이상의 수승하고 미묘한 과보를 향수하는 곳이라 하여 천취(天趣)라고도 하며 천상의 궁전을 말한다. 『유교경(遺教經)』에 "그곳을 알지 못하는 자는 비록 천당에 있더라도 천당인지 알지 못한다" 하였고, 『법화현의(法華玄義)』에는 "오직 한 마음을 짓는 것, 마음이 능히 지옥이요, 마음이 능히 천당이요, 마음이 능히 범부이며 마음이 현성(賢聖)이다" 하였고, 『삼론현의(三論玄義)』에는 "만약 반드시 인이 없어도 과가 있다고 한다면 선은 지옥에 떨어지고 악은 천당으로 갈 것이다" 하였다.

9) 지옥(地獄, Niraka)은 불락(不樂), 가염(可厭), 고구(苦具), 고기(苦器), 무유등(無有等)이라 불리기도 한다. 그 위치가 지하에 있기에 지옥이라 하는데 육도 가운데 가장 고통스러운 곳이다. 지옥은 세 종류로 나눈다. 하나는 근본지옥으로 8열(熱)과 8한(寒)으로 나눠 16대지옥이 된다. 둘째는 근변지옥(近邊地獄)으로 곧 팔열사문(八熱四門)의 16유증지옥(遊增地獄)이다. 셋째는 고독지옥(孤獨地獄)으로 산간, 광야, 나무 아래, 물가 등 장소엔 한정이 없고 개개인의 다른 업감(業感)으로 고보(苦報)와 수명이 각각 다르게 나타난다. 이 셋 중에서 근본지옥이 고통이 제일 심하고 다음으로는 근변지옥, 고독지옥 순으로 고통의 강도가 심하다. 불교에서 거론하는 천국은 33곳이 있고 지옥은 부지옥을 합해 145곳의 지옥이 있다고도 한다. 여기서의 천당이니 지옥이니 하는 상태는 참선에서 나타나는 마음의 차별경계이다.

10) 한쪽으로 치운친다는 뜻으로 "이것이 무엇인가?" 하는 의문만 남는다는 뜻이다.

본법(本法)[1]에는 원래 소견이 없다

본법에는 원래 수지(受持)한다 훼범(毁犯)한다는 것이 없다. 계(戒)[2]를 수지한다고 하는 사람은 소승[3]의 견해이며 또 계를 수지하지 않는다고 하는 사람은 중생의 견해이다. 경계에 무심하여 분별을 내지 않는 것은 대승의 견해라 한다.

그러므로 배우는 사람은 연기문(緣起門)[4]을 지키지 말고 언제나 자기의 면목을 돌이켜 비춰보아 항상 조사의 살아 숨쉬는 말씀으로 앞뒤가 끊어진 아득하고 망막한 곳에서 다시 살아나야만 비로소 도를 얻게 되는 것이다.

보고 듣고 느끼고 아는 것[5]에 집착하는 사람은 중생[6]의 견해이며 또 보고 듣고 느끼고 아는 것을 여의는 사람은 소승의 견해로 다섯된 견해이다. 보고 듣고 느끼고 아는 것에서 생사를 초월하여 자기를 반구(反求)할 줄 아는 사람이야말로 대승[7]의 견해를 가진 사람이다.

本法 無持犯持戒者 小乘見 不持戒者 衆生 直下無心 分別不生 是爲大乘見 故學者 不守緣起門 常常返照自己面目 常以祖師活句上 絶後再甦 始得

又卽着見聞覺知者 衆生見 離見聞覺知者 小乘見 未免邪解 卽見聞覺知 超越生死 反求自己者 大乘見也

| 주 |

1) 근본적인 요법(要法)으로 근본 진리를 말한다.
2) 그릇되고 악한 것을 방지한다는 뜻으로 악사(惡事)를 짓지 않을 뿐만 아니라 악한 생각까지도 용납하지 않는 것을 계(戒)라고 한다. 계를 청량(淸凉)이라고도 부른다. 사람이 악을 멈추고 선을 행하면 반드시 마음이 편안하여 하늘을 우러러도 한 점 부끄러움이 없기 때문에 마음에 열뇌(熱惱)가 없어지고 청량을 얻게 되는 것이다.
3) 소승(小乘, Hinayāna)은 성문(聲聞), 연각(緣覺)의 법문 수신자리(修身自利)를 종지(宗旨)로 하여 최고의 과위(果位)는 아라한과(阿羅漢果) 및 벽지불과(辟支佛果)이다. 성문승(聲聞僧)은 사제법(四諦法)을 닦아 범부에서 아라한까지의 시간은, 빠른 사람은 삼생(三生)이 걸리며 늦은 사람은 60겁이 걸리며, 수행의 방편에는 일곱 가지가 있으며 얻는 과위에는 4가지가 있다. 연각승(緣覺僧)은 십이인연(十二因緣)을 닦아 범부에서 벽지불이 되기까지의 시간은 빠른 사람은 사생(四生)이 걸리며 늦은 사람은 100겁이 걸리며, 수행은 오(悟)와 증(證)이 있다. 깨닫는 곳이 곧 증득하는 곳이기 때문에 뚜렷한 계위(階位)가 없다고 할 수 있다.
4) 연기는 여러 가지 조건들이 화합하여 생긴다는 뜻. 모든 유위법은 여러 인연이 화합하여 생긴 것이다. 연기문을 항포문이라고도 하는데 십신, 십주, 십행, 십회향, 십지를 거쳐야만 비로소 불지에 이른다는 차서가 분명하기 때문이다. 연기문은 성기문(性起門)과 연기문(緣起門) 이문의 하나로 진여법성은 중생의 인중(因中)에 있으며 연염(緣染)를 따라 염법(染法)을 일으키므로 연기의 법이 염정(染淨)을 통하는 것. 연기는 사물이 연을 기다려 일어나는 것. 일체 유위법이 모두 인연으로 일어나는 것이다.
5) 심식(心識)이 객관세계에 접촉할 때를 총칭하여 이른 말.
6) 구역(舊譯)에서는 중생이라 부르고 신역(新譯)에서는 유정(有情)이라 부

른다. 모든 정식(情識)이 있는 동물의 뜻이며 여러 인연의 화합으로 태어나 많은 생사를 지나므로 중생이라 부른다. 십법계(十法界)에서 부처님을 제외하고 나머지 구계(九界)의 유정은 다 중생이라 부른다. 중생의 소견은, 중생은 실유한다고 고집하는 망견으로 아견의 다른 이름이다.

7) 대승(大乘, Mahayāna)의 대(大)는 소(小)에 대하여 일컫는 말이며 승(乘)은 배나 수레 같은 곳에 실어서 운반한다는 뜻이다. 소승은 개인적인 해탈을 위한 교법인데 대하여 대승은 널리 인간의 전반적 구제를 목표로 하여 그 목적이 크고 깊은 것이므로 대승이라 한다. 『법화경(法華經)』 「비유품」에 "이에는 일승(一乘)과 삼승(三乘)의 구별이 있다. 만약 중생들이 부처님이나 세존을 따라서 법을 듣고 믿음으로 받들며 부지런히 닦고 정진하여 일체지(一切智), 불지(佛智), 자연지(自然智), 무사지(無師智), 여래지견력(如來知見力)을 구하여 두려워 함이 없으며 안락무량하여 중생의 이익과 천인의 도탈일체(度脫一切)를 민염(愍念)하는 것을 대승이라 하며 보살이 이 승(乘)을 구하므로 마하살(摩訶薩)이라 한다"고 하였다. 마하연(摩訶衍)은 이승(二乘)으로 상(上)을 삼으므로 대승이라고 한다. 제불의 최대 경지에 이 승(乘)이야말로 도달할 수 있으므로 대(大)라 하며 제불 대인(大人)이 이 승을 타므로 대(大)라 하고 중생의 대고(大苦)를 멸제하여 대이익을 줌으로써 대(大)라 한다. 또한 관세음, 대세지, 문수사리, 미륵보살 등 제대사(諸大士)가 승(乘)하므로 대(大)라 하고 또는 이 승(乘)이 능히 일체 제법의 변저(邊底)를 다하였으므로 대(大)라 하며 또한 반야경 가운데 불이 마하연의(摩訶衍義)의 무량무변을 자설(自說)하였으므로 대(大)라 한다. 제불 여래의 정진과 정각으로 소행(所行)하는 도의 승(乘)을 대승(大乘), 상승(上乘), 묘승(妙乘), 승승(勝乘), 무상승(無上乘), 무상상승(無上上乘), 무등승(無等乘), 불악승(不惡乘), 무등등승(無等等乘)이라 한다.

본래면목과 본지풍광

본래면목(本來面目)[1] 이란 것은 자기의 본분(本分)[2]의 일이며 본지풍광(本地風光)[3]이란 것은 경계를 내지 않는 것으로 둘은 본체(本體)[4]와 본용(本用)[5]지간이다.

本來面目者 自己本分事 本地風光者 無生境界 本體本用之間

| 주 |

1) 자기의 자성(自性)으로 모든 번뇌와 염오(染汚)을 떠난 자기의 본래의 면목을 말한다.
2) 자기가 마땅히 해야할 일로 본래면목을 개발하는 일이다.
3) 본래면목의 다른 이름으로 자기 심성의 본분을 형용하는 말로 선가에서 애용하는 말이다. 즉 언전불급(言詮不及)이며 의로부도(意路不到)의 당체(當體)로서 공겁이전(空劫以前)의 소식. 부모미생전(父母未生前)의 소식을 말한다.
4) 제법의 근본 자체로 응신(應身)에서 진신(眞身)을 본체라고 한다. 본래면목이 본체가 된다.
5) 제법의 근본 작용으로 진신에서 응신을 부를 때 본용(本用)이라 한다.

고초의 현관

고초(孤峭)[1]의 현관(玄關)은 8식(八識)[2]의 근본 전지(田地)를 폭파하는 것이다. 선가(禪家)에서 나무 사람이 박수 치며 노래를 부르는 것이나 쇠로된 소가 음매 울고 돌로 된 말이 방광(放光)한다는 말들은 다 무생(無生)[3] 가운데서 활용한 것으로 사(死) 가운데 활(活)을 갖추었고 활(活) 가운데 사(死)를 갖춘 말들이다.

孤峭玄關 破八識本田地 禪家木人唱拍 鐵牛吼號 石馬放光之言 皆無生中活用 死中具活 活中具死

| 주 |

1) 외롭고 험난한 현관으로 가는 길이 외롭고 험난한 현관이란 말로, 꼭 닫혀 있어 열기 어려운 현관이란 말이다. 현관은 깊고 묘한 이치에 통하는 관문(關門)으로 도에 들어가는 단서를 말한다. 『보등록(普燈錄)』에 "현관은 활짝 열어 제켜야만 정안(正眼)을 굴릴 수 있다" 고 하였다.
2) 안 · 이 · 비 · 설 · 신 · 의(眼耳鼻舌身意) 육식(六識)과 제7 마나식(末那識), 제8 아뢰야식(阿賴耶識) 등으로 구분한다. 세간법(世間法)과 출세간법(出世間法)의 모든 종자가 제8식 안에 수장되어 있다가 적당한 인연을 만나면 현실로 나타나는 것이 마치 종자를 뿌려 곡식을 거두는 밭과 같다고 하여 팔식 본전지(八識 本田地)라고 하는 것이다.
3) 불생불멸의 뜻으로, 즉 열반의 도리를 말한다.

스승과 제자가 전수할 수 없는 곳

석가[1]는 가난[2]하고 가섭은 부자다. 달마는 동쪽[3]에 오지 않았고 혜가는 서쪽에 가지 않았다. 한[4] 법에 본래 다 갖추어져 있는데 어느 곳을 찾아 얻는단 말인가?

釋迦貧 迦葉富 達摩不來東 慧可不往西 一法本具 何處覓得

| 주 |

1) 불교의 교조로 능인적묵(能仁寂默)이라 한다. 석가는 종족의 이름이고 석가모니(釋迦牟尼, Sākyāmuni)라 함은 식가씨(釋迦氏)의 성자란 말이다. 중인도 가비라 벌솔도의 성주(城主) 정반왕의 태자다. 어머니는 마야부인으로 BC 623년 룸비니동산 무우수 아래에서 탄생했다. 29세에 왕성의 사문(四門)을 다니면서 노인, 병자, 죽은 자, 승려를 보고 출가할 뜻을 내어 하룻밤에 왕성을 넘어서 동방의 람마성 밖 숲 속에서 속복을 벗어버리고 출가하였다. 6년 고행 끝에 금욕(禁慾)만으로는 아무 이익이 없음을 알고 부다가야의 보리수 나무 아래서 대오철저(大悟徹底)하여 붓다(36세)가 되었다. 그후 인도 전역을 다니면서 49년간 법을 설하였다. 북방의 구시나가라 성 밖 발제하 언덕 사라쌍수 아래 누워 최후의 교계(教誡)를 하시어 49년간의 전도 생활을 마치고 밤중에 열반에 들었다. 때는 BC 544년 2월 15일이고 세수는 80이었다.
2) 본래 한 법에 모든 것이 갖추어져 있어서 줄 것이 없기에 석가는 가난하고 받을 것이 없으므로 가섭은 부자다.
3) 불교는 인도에서 시작하여 중국을 거쳐 우리 나라에 전래된 것으로 보는 것은 잘못된 견해이다. 불교는 전래된 것이 아니고 본래 우리에게 갖추어져 있었다. 시공을 초월하고 시종(始終)도 없는 이것에는 모든 것이 본래 다 갖추어져 있었기 때문이다. 개발하는데 빠르고 느림의 차이가 있었을 따름이다.
4) 무일물(無一物)과 상관하지 않는 일물이다.

지혜가 없는 편견

옛날[1]에 어떤 노파[2]가 있었는데 한 도인(道人)을 30년[3]이나 받들며 시봉하였다.

하루는 아리따운 딸을 시켜 도인을 시험하게 하였다. 도인이 공양을 마치고 나자 딸이 갑자기 달려들어 도인을 끌어안고 물었다. "화상은 이럴 때 어떻습니까?" 도인이 말했다. "마른 나무가 찬 바위에 기대니 삼동(三冬)에 온기가 없구나!"

이 화상의 말로 보아 제대로 습심(習心)하지 못했음을 알겠다. 이같은 소견은 지혜가 없는 것으로 정(定)에만 편중(偏重)하여 안으로 유한(幽閑)만 즐겼기 때문이다.

古者有一老婆 便其少女 事一道人 三十年矣 一日食畢而後 其女相抱 曰和尙正伊麼時如何 道人曰枯木倚寒岩 三冬無暖氣 此言正是不知習心也 如此之見 無慧之偏定內守幽閑者也

| 주 |

1) 이 설화는 『갈등집(葛藤集)』에 실려 있다. 노파가 도인의 말을 듣고 암자를 불태워 버렸는데 왜 노파가 암자를 불태워 버렸을까? 화상의 지혜가 없는 편견 때문이다.
2) 노파라고도 하고 부인을 가리키기도 함. 불교에선 노파심절이라 발음하지 않고 노바심절(老婆心切)이라 발음한다.
3) 햇수를 말하기보다는 많은 세월을 뜻한다.

종사(宗師)의 수단

종사가 보인 법을 어찌 등한히 하겠는가!

운문(雲門)의 당문검(當門劒)[1]과 임제(臨濟)의 취모검(吹毛劒)[2]이 어찌 저 세상의 일이리요!

범기광혜(犯機狂慧)[3]가 미치지 못하는 것을 혼자 죽이고 혼자 살리는 고등한 수법으로 사람을 사람되게 하는 사람에게 자기 본분의 공부를 시켜 꼭 스스로 깨닫게 하는 것이 종사[4]의 수단인 것이다.

祖師示法 豈等閑耶 雲門當門劒 臨濟吹毛劒 豈陰界中事也 犯機狂慧所不及 單殺單活好手 卽人便人 人而自己上做工夫 須自悟是宗師手段

| 주 |

1) 당면(當面)에서 사용하는 보통검(普通劒)이다. 운문(雲門)의 횡설직설(橫說直說)로 곧 운문일자관(雲門一字觀)을 말한다. 어떤 학인이 운문선사에게 묻기를 "부처님을 죽이고 조사를 죽이면 어디를 향해 참회해야 합니까?" 운문이 "노(露)"라고 하였다. 학인이 또 묻기를 "어떤 것이 정법안장입니까?", "보(普)"라고 하였다. 『대해어록(大慧語錄)』에 "일자(一字)의 공안 문에 들면 아홉 마리의 소가 끌어내어도 나오지 않는다!"하였다.
일자선(一字禪)은 선가에서 문답할 적에 다만 한 글자로 답하여 선의 유현(幽玄)한 뜻을 나타내는 것을 말한다. 일자선을 닦는 것을 일자관이라 한다.
2) 칼날에 털을 놓고 입으로 불면 끊어진다는 아주 예리한 칼이다. 임제의 할(喝)로써 곧 임제사할(臨濟四喝)을 말한다. 『임제록』에 임제선사가 학인에게 묻기를 "어느 때 일할은 금강왕의 보검과 같고, 어느 때 일할은 땅에 웅크리고 앉아 있는 금모사자(金毛獅子)와 같고, 어느 때 일할은 탐간영초(探竿影草: 학의 깃털을 엮어서 물 속에 넣고 고기가 한 곳에 모이면 그물로 잡는 것을 탐간이라 하고, 풀을 물 위에 띄우면 고기가 그 그림자에 모여드는 것을 영초라고 한다)와 같고, 어느 때 일할은 일할의 용(用)을 짓지 못하니 너는 무엇을 알겠느냐! 학인이 말하려고 하니 선사가 문득 '할(喝)' 하였다" 한다.
3) 계를 지키지 못하는 근기와 지혜에 정심(定心)이 없는 사람을 말한다.
4) 선종을 전하는 큰스님이다.

염불문(念佛門)

염불이란 입으로는 외우면서 마음으로는 생각하는 것을 말한다. 그러나 입으로 외우기만 하고 마음은 생각하지 않는다면 도(道)에 이익이 없다.

나무아미타불(南無阿彌陀佛)[1] 여섯 글자는 윤회(輪廻)[2]에서 벗어나는 지름길이다. 생각은 부처님[3] 경계에 반연하여 시시때때 한시도 잊지 않고 입은 부처의 명호를 외워분명할 뿐 어지럽지 않다.

이와 같이 생각과 입이 상응해야만 염불 수행이라고 하는 것이다.

念佛者 在口日誦 在心日念 徒誦失念 於道無益 阿彌陀六字 定出輪回之捷經也 心則緣佛境界 憶持不忘 口則稱佛名號 分明不亂 如是 心口相應 名之日念佛

| 주 |

1) 나무(南無)는 귀명(歸命), 경례(敬禮), 귀의(歸依), 구아(救我), 도아(度我) 등의 뜻이 있다. 중생이 부처님을 향해 지심귀의하여 믿고 순종한다는 말이다.
2) 중생이 비롯함이 없는 옛적부터 삼계육도(三界六度) 가운데 나고 죽으면서 전전(展轉)하는 것이 마치 수레바퀴가 굴러 가는 것과 같아 윤회라 부르는데 탈출의 시기가 없다.
3) 부처님(佛陀, Buddha)은 각자(覺子), 지자(智者)라 하며 각에는 각찰(覺察), 각오(覺悟)의 두 가지 뜻이 있다. 번뇌를 각찰하여 해가 되지 않도록 하며 세인이 상(傷)이 됨을 각지하게 하므로 각찰이라 하고 이를 일체지(一切智)라 한다. 제법의 사리를 각지하여 요요분명(了了分明)하여 잠과 꿈을 깬 것과 같은 것을 각오라 하는데 이를 일체종지라 한다. 자각하여 다시 능히 타인을 깨닫게 하고 자타의 각행이 원만함을 부처님이라 한다.

아미타불(阿彌陀佛)에 대하여

아미타는 범어(梵語)[1]의 음역으로 무량수(無量壽)[2] 또는 무량광(無量光)[3]이라 한다. 부처란 깨달은 분이다. 아미타불은 시방삼세(十方三世)[4] 모든 부처님 중 제일호(第一號)이시다.

법장비구(法藏比丘)로 지낼 때 세자재왕(世自在王)[5] 부처님 전에 나아가 48원(四十八願)[6]을 세우며 다짐하였다. "제가 장차 부처를 지을 때 시방 무수한 모든 하늘 인민으로부터 준동함령[7]에 이르기까지 내 이름을 열 번 부르는 사람이 있으면 반드시 내 국토[8]에 태어나게 하겠습니다. 이 소원이 이뤄지지 않는다면 끝끝내 성불하지 않겠습니다" 라고

阿彌陀 梵語 此云 無量壽亦云 無量光佛者覺也 十方三世諸佛 第一號 因名法藏比丘 對世自在王佛前 發四十八願 云我作佛時 十方佛央數世界 諸天人民 比至蜎 飛蠢動之流 念我名十聲者 必生我刹中 不得是願 終不成佛

| 주 |

1) 인도의 언어. 범천(梵天)에게 고하여 얻은 것이므로 범어라 한다. 산스크리트(saṇskrta)어는 완성이란 뜻이 있으며 사회의 용어로 완성된 언어이며 베다의 직계로 서력 기원전 4, 5세기경부터 시작되어 많은 문학을 가지고 있는 인도어로 현재도 사용되고 있다.
2) 아미타불의 수명은 무량하기 때문에 무량수불(無量壽佛)이라고도 한다.
3) 아미타불의 신광은 무량하기 때문에 무량광불(無量光佛)이라고도 한다.
4) 동 · 서 · 남 · 북 그리고 각 간방(間方), 상하(上下)를 시방이라 하며 삼세는 과거 · 현재 · 미래로써 시간과 공간을 통틀은 온 우주를 말한다.
5) 아미타불이 법장비구로 수행할 때의 스승불(佛)로 『무량수경』에 나온다. 세자재왕(世自在王)이라 하며 부처님의 이름이다. 『무량수경』에 "아미타불이 고위(固位)에 있을 때 우비불(于比佛)의 곳에 출가하여 48대원을 세웠다"하고, 『무량수경』 초(鈔)에 "구본(舊本)에서는 자재왕이라고 하니 일체법(一切法)에 자재함을 얻었기 때문이다" 하였으며 "세간의 이익이 자재하므로 세자재라 한다" 하였다.
6) 아미타불이 법장비구로 수행할 때 세자재왕불 처소에서 세운 48가지 소원. 내용은 크게 섭법신원(攝法身願) · 섭정토원(攝淨土願) · 섭중생원(攝衆生願)으로 요약할 수 있다. 한 · 중 · 일 삼국의 48대원이 각기 다르다. 건설하고자 하는 원망(願望)이 다르기 때문일 것이다. 반야심경도 다르다. 중국의 반야심경은 마하 두 자가 없는 268자이고 한국은 마하가 있어 270자가 된다.
7) 꿈틀거리는 벌레, 모든 영식(靈識)이 있는 미물을 총칭하는 말.
8) 모든 유정(有情)이 머무는 곳. 정토(淨土)와 예토(穢土)의 구분이 있다.

아미타불 한 번 부르는 소리

선성(先聖)[1]이 이르기를 '아미타불 한 번 부르는 소리에 천마(天魔)가 무서워하며 귀부(鬼簿)[2]의 이름이 삭제되고 연꽃이 금지(金池)[3]에 솟아난다.'

또 참회 방법에 대해 말씀하시기를 '자력(自力)이든 타력(他力)[4]이든 좀 더디고 빠름이 있을 따름이다' 고 하였다.

先聖云 唱佛一聲 天魔喪瞻 名除鬼簿 蓮出金池 又懺法云 自力他力 一遲一速

| 주 |

1) 옛 성인. 성(聖)은 고승의 뜻, 선인(先人), 고덕(高德)을 뜻함. 과거에 깨달은 사람들, 옛 고승들을 지칭하는 말이다.
2) 염라대왕이 가지고 있는 장부로 이름이 삭제된다는 것은 지옥에 떨어지지 않는다는 것 또는 오래 살게 된다는 뜻도 있음.
3) 정토에 있는 연못.
4) 중생 스스로 하는 수행을 자력이라 하고 불보살의 원력의 힘을 타력이라고 한다.

세 가지 정관(淨觀)[1]

아미타불

아미타불의 몸은 진금색(眞金色)이시며 칠보지(七寶池)[2]의 큰 연꽃 위에 앉아 계시니 신장(身長)은 장육(丈六)[3]이시고 두 눈썹 중간에 오른쪽으로 감겨져 위를 향한 백호(白毫)[4]가 있다. 생각을 멈추고 주의하여 백호를 관상(觀想)한다.

관세음보살

관세음보살(觀世音菩薩)[5]은 미타불의 왼쪽에 서 계시니 몸은 자금색(紫金色)[6]이며 손에는 백련화(白蓮花)[7]를 잡으시고 천관(天冠)[8]에는 화신불(化身佛)[9] 한 분이 서 계시다.

대세지보살

대세지보살(大勢至菩薩)[10]은 미타불의 오른쪽에 서 계시니 몸은 자금색(紫金色)이며 천관(天冠)에는 보병(寶甁)[11] 한 개가 놓여 있다.

阿彌陀佛眞金色 七寶池中大蓮花上 坐身長丈六 兩眉中間 向上有白毫 右旋轉 以停心注想於白毫 觀世音菩薩 立左邊 而紫金色 手執白蓮花 其天冠中 有一立化佛 大勢至菩薩 立右邊 而身紫金色 其天冠中 有一寶甁

| 주 |

1) 아미타 삼존(三尊)의 상호와 공덕을 관상(觀想)하는 일.
2) 금(金), 은(銀), 유리(琉璃), 파려(玻瓈), 자거(硨磲), 적주(赤珠), 마노(瑪瑙)로 칠보지는 칠보로 만든 『아미타경』에 나오는 극락세계의 연못.
3) 장육금신(丈六金身)으로 석가모니 부처님의 신장이 일장육척(一丈六尺)의 금신(金身)이었으므로 후에 불상을 조성할 때 장육금신으로 함. 부처님의 몸을 일반적으로 지칭할 때 장육이라고 함.
4) 부처님의 두 눈썹 사이 미간에 있는 희고 빛나는 가는 털. 오른쪽으로 감겨있는데 끊임없이 광명을 놓는다.
5) 관세음보살(觀世音菩薩, Avalokiteśvara)은 관자재(觀自在), 관세음(觀世音), 광세음(光世音), 관세자재(觀世自在), 관세음자재(觀世音自在) 등으로 번역된다. 미타삼존(彌陀三尊)의 한 분으로 아미타불의 좌보처이다. 관세음이란 구역으로 세간의 음성을 관한다는 뜻이고, 관자재란 신역으로 지혜를 관조하므로 자재한 묘과(妙果)를 얻은 이란 뜻이다. 또 중생에게 온갖 두려움이 없는 무량심(無量心)을 베푼다는 뜻으로 시무외자(施無畏者)라 하고 자비를 위주하는 뜻으로 대비성자(大悲聖者)라 하며 세상을 구제하므로 구세대사(救世大士)라고도 한다.
6) 자줏빛이 나는 황금색으로 진금색의 위상보다는 낮다.
7) 연꽃에는 크게 우발라화(優鉢羅華), 구물두화(拘物頭華), 파두마화(波頭摩華), 분다리화(芬陀利華)의 네 종류가 있다. 또 청황적백(青黃赤白)의 네 가지 빛깔의 연꽃이 있는데 일반적으로 말하는 연꽃은 분다리백련화(芬陀利白蓮華)이다. 불교에서 연꽃은 청정을 상징하는데 더러운 진흙 속에서 더러움에 물들지 않기 때문이다. 관세음보살이 왼손에 든 연꽃은 중생이 본래 갖춘 불성을 표시한 것으로 연꽃의 꽃이 활짝 피면 불성이 드러나서 성불한다는 뜻이다. 봉오리로 맺혀 있는 것은 불성이 번뇌에 물들지 않고 장차 필 것을 나타낸 것이라 한다.

8) 주옥(珠玉) 등으로 꾸민 가장 좋은 관.

9) 화신(化身, Mirmānākaya)은 변화신이란 뜻. 오취의 중생들을 제도하기 위하여 알맞은 대상으로 화현하는 것이다.

10) 대세지보살(大勢至菩薩, Mahāsthāmaprāpta)는 대정진(大精進), 득대세(得大勢)라고도 한다. 아미타불에게 자비문과 지혜문이 있는데 관세음보살은 자비문(慈悲門)을 표현하고 대세지보살은 지혜문(智慧門)을 표현한다. 이 지혜 광명이 모든 중생에게 비추어 삼도(三塗)를 여의게 하고 위없는 힘을 얻게 하므로 이름을 대세지라 한다. 또 한 발 한 발 내디딜 때마다 삼천세계와 마군의 궁전이 진동하므로 대세지라 한다. 『관무량수령(觀無量壽經)』에 "지혜 광명으로 널리 일체 중생을 비추어 삼도고(三塗苦)을 얻게 되므로 대세지(大勢至)라 한다"고 하였다.

11) 대세지보살은 정수리에 보배병을 얹고 아미타불의 오른쪽에 있으며 염불하는 수행자를 맞이하러 갈 때에는 항상 합장한다고 한다. 보병(寶甁)에는 뜨거운 고뇌를 소제(消除)하고 마음의 뜻을 즐겁게 하는 감로수가 담겨 있다.

사종염불

염불에는 네 종류가 있으니 구송(口誦)[1] · 사상(思像)[2] · 관상(觀相)[3] · 실상염불(實相念佛)[4]이 그것이다. 근기(根氣)에는 예리하고 둔함이 있으니 근기에 따라 들어간다.

念佛有四種 一口誦 二思像 三觀相 四實相 根有利鈍 隨機得入

| 주 |

1) 칭염염불(稱念念佛)이라고도 하며 입으로 부처님의 명호를 부르는 것.
2) 관상염불(觀象念佛)이라고도 하며 부처님 형상을 관념(觀念)하는 염불.
3) 부처님 상호를 관상하는 염불.
4) 자신과 일체 만유의 진실한 자성인 법신을 관하는 염불.

미타 게송

아미타불은 어디에 계신가! 생각생각에 간절히 잊지 않아 생각이 지극하여 무념(無念)[1]에 이르면 육문(六門)[2]에서 자금광(紫金光)을 놓으리라.

자성미타(自性彌陀)[3]는 어느 곳에 있는가! 때때로 생각생각에 잊지 않아 갑자기 어느날 어머니[4]가 생각난다면 만물[5]이 능히 감추지 못하리라.

위의 자성미타(自性彌陀) 게송(偈頌)[6]은 사상염불(思像念佛)이다. 근기(根氣)가 예리하고 지혜[7]가 훌륭한 사람은 구태어 입으로 외우지 않아도 다니거나 머무르거나 앉거나 눕거나 말하거나 침묵하거나 움직이거나 조용하거나 기쁘거나 성내거나 슬프거나 즐거운 가운데서도 사상(思像)의 염불(念佛)을 할 수가 있다. 그러나 근기가 둔열(鈍劣)한 사람은 이와 반대다.

阿彌陀佛在何方 着得心頭切莫忘 念到念窮無念處 六門常於紫金光 自性彌陀何處在 時時念念不須忘 驀然一日如憶母 物物頭頭不覆藏 右自性彌陀頌 此思像念佛也 利根上智 不涉口誦 行住坐臥 語默動靜 喜怒哀樂中思而念之而己 鈍根劣機反此

| 주 |

1) 망념이 없는 정념(正念).
2) 안·이·비·설·신·의로 육근의 다른 이름.
3) 자기 마음 가운데 본래 갖추어져 있는 성품은 미타불과 다르지 않다. 이 보살이 세상을 교화함에는 중생의 근기에 맞추어 여러 가지 형태로 나타낸다. 이를 보문시현(普門示現)이라 하며 33응신이 있다고 한다. 왼손에 든 연꽃은 중생이 본래 갖추고 있는 불성을 나타내며 그 꽃이 핀 것은 불성이 드러나서 성불하는 것을 말하고 그 봉우리는 불성이 번뇌에 물들지 않고 장차 필 것을 나타낸다. 그 형상을 달리함에 따라 크게 육관음[六觀音(聖·千手·馬頭·十一面·准提·如意輪) 등으로 나누는데 그중 성관음(聖觀音)이 본신(本身)이고 기타의 것은 보문시현의 변화신이다. 그 정토를 보타락가(補陀落迦)라고 하여 관음성지에 이 이름을 붙이고 있다. 중생이 고난 중에, 열심히 대자대비를 서원으로 하는 관세음보살의 이름을 외우면 구제를 받는다고 한다. 중생이 결국 불보살의 응화신을 나투게 되는 것이니 수행자 자신을 예정된 불보살이라 부른다.
4) 배고픈 젖먹이가 어머니를 간절히 찾듯이 염불이 지극한 염불삼매에 빠진 상태. 깨닫는다는 뜻.
5) 정토에 태어난다는 것으로 오롯이 부처가 드러났다는 뜻.
6) 게송의 게(偈)는 범어 가타(gatha)의 약칭이며, 송(頌)은 그 뜻을 번역한 것으로 범어와 한자의 병칭(倂稱)이다. 부처님의 공덕과 교리를 노래 글귀로 찬탄한 것. 그 글자 수와 글귀의 수에는 세 자(字) 내지 여덟 자를 일구(一句)로 하고 사구(四句)을 일게(一偈)라 함.
7) 결단함을 지라 하고 간택함을 혜라 한다. 또 속제(俗諦)를 아는 것을 지라 하고, 진제(眞諦)를 비추는 것을 혜라 하는데 통하여 하나가 된다. 『대승의장(大乘義章)』에 "조견(照見)을 지라 하고 해료(解了)를 혜라 칭히는데 이 둘은 각각 구별한다. 세제(世諦)를 아는 것을 지라 하고 제일

의(第一義)를 아는 것을 혜라 하는데 통하면 뜻이 같다" 하였고, 『법화경의소(法華經義疏)』에 "경론 가운데 혜문(慧門)으로 공을 비추고 지문(智門)으로 유를 비춘다 함이 많다" 하였으며 『유가론기(瑜伽論記)』에 "범어의 반야는 번역하여 혜라 하는데 제육도(第六度)가 됨을 알아야 되며 범어의 야나(若那)는 번역하여 지가 되는데 제십도(第十度)가 됨을 알아야 한다" 하였다.

염불게송(念佛偈頌)[1]

마음[1]은 한 금산(金山)[2]을 생각하고 손은 백팔염주를 굴리면서 염불하는 이는 누구인가? 하고 반문해 보라. 마음도 아니고 물건도 아니로다. 염불하려고 입을 여는 순간 금지(金池)엔 벌써 연근(蓮根)이 심어졌네. 신심(信心)이 물러서지만 않는다면 금산은 이미 결정되었네.

서방(西方) 가는 염불법(念佛法)[3]은 결정코 생사(生死)를 초탈(超脫)하여 마음과 입이 서로 응답[4]한다면 왕생(往生)[5]은 탄지지간(彈旨之間)[6]이네. 한 생각에 연꽃을 밟을 수 있는데 누가 서방이 팔천리[7]라 했는가? 성공[8]하여 임종이 다다를 때는 대성(大聖)[9]이 몸소 영접하리라.

참선(參禪)은 곧 염불(念佛)이며 염불은 곧 참선이다. 본성(本性)[10]에 방편을 여의면 밝고 고요하리라.

心想一金山 手回珠百八 返觀念者誰 非心亦非物 念佛纔開口 金池已種蓮

信心如不退 決定預金山 西方念佛法 決定超生死 心口若相應 往生如彈指

一念踏蓮花 誰道八千里 功成技命終 大聖來迎爾 參禪卽念佛 念佛卽參禪

本性離方便 昭昭寂寂然

| 주 |

1) 이 염불 게송은 실상 염불 등 여러 염불 수행에 대해 노래했다.
2) 『법화경(法華經)』에 "몸 빛깔은 금산(金山)과 같아 단엄하기가 그지없이 미묘하다"고 하였다. 금산은 부처님의 몸을 비유하기도 하며 또 수미산 주위의 칠중금산(七重金山)을 말하기도 한다. 곧 금산은 미타불이 계신 서방정토를 뜻한다. 또한 부처, 미타불을 뜻하기도 함.
3) 구송(口誦) · 사상(思像) · 관상(觀相) · 실상(實相)의 염불을 통틀은 염불법.
4) 염불삼매를 말한다.
5) 보리가 곧 번뇌이며, 번뇌가 곧 보리로서 한생각 돌이킬 줄 알면 그곳이 바로 극락세계이다.
6) 손가락 한 번 튕기는 짧은 시간으로 한 찰나의 시간을 말한다.
7) 십만 팔천 리로 먼 거리를 표현할 때 쓰는 관용어.
8) 깨달음을 증득했다는 것.
9) 아미타불을 말한다.
10) 근본 성품을 말한다.

제2부

法 | 항포원융 |

선(禪)과 교(敎)는 정(定)의 차이일뿐

선(禪)이란 부처님의 심의(心意)이다. 교(敎)는 부처님의 언설(言說)이다. 이렇다고 한다면 선과 교는 한 부처님의 말과 뜻이다.

격외선(格外禪)[1]의 법체(法體)[2]는 속세(俗世)의 순리를 거역하여 언담(言談)이 무의미하기 때문에 법을 들 때 말을 여의는 것이다. 다만 본분(本分)을 말하고 일대사(一大事)[3]를 말하고 눈썹을 떨치고 눈을 꿈벅거리며, 조금 있으며, 방(棒)을 들고 할(喝)을 지르며, 큰 근기와 큰 쓰임[4]에겐 어떻게 하든지 삼현(三玄)과 삼요(三要)로 규정(糾正)하면서 때로는 견성보림(見性保任)[5]과 투철대오(透徹大悟)[6]와 타파칠통(打破柒桶)[7]과 일초직입(一超直入)을 말한다.

禪者佛云心意也 教者佛之言說也 若然者禪教一佛之言說也 格外禪法體 逆俗順理 言談而無味 據法離言者也 但說本分 或說一大事 揚眉瞬目 良久棒喝 大機大用 偏正三要三玄者也 或云 見性保任 透徹大悟 打破漆桶 一超直入

| 주 |

1) 격(格)은 격식, 규격을 초월한다는 뜻. 말이나 문자로 의론할 수 없는 이치를 초월한 선법.
2) 격외선의 본체를 말한다.
3) 우주의 인생 진리를 열어 보여 중생을 미망에서 깨닫게 하는 생사를 벗어나게 하는 위대한 사업을 말한다.
4) 대기대용(大機大用)으로 대승법을 들을만한 근기를 가진 사람을 말한다.
5) 자성을 본 뒤 과거의 습기를 닦으며 잘 보호 임지(任持)하는 것.
6) 미망에서 벗어나 종지를 알아차림.
7) 자기가 무엇인가를 철견하여 즉심즉불(卽心卽佛) 비심비불(非心非佛)의 진경(眞境)에 들어감.

의리선(義理禪)과 교가(敎家)

여래가(如來家)[1]에서 말하는 의리선(義理禪)[2]과 법체(法體)라는 것은 법에는 불변수연(不變隨緣)[3]이며 사람에겐 돈오점수(頓悟漸修)[4]와 시각본각(始覺本覺)[5]이라는 것이다.

교가(敎家)의 법체(法體)라는 것은 법의인과(法義因果)와 신해수증(信解修證)[6]과 견도수도(見道修道)[7]와 증과정각(證果正覺)[8]이라 말하는 것들이다.

如來家云云 義理禪法體者 於法 不變隨緣 於人 頓悟漸修 始覺本覺者也

敎家法體者 法義因果 信解修證 見道修道 證果正覺云云者也

| 주 |

1) 선종의 여래선(如來禪)을 닦는 계통을 말한다. 여래선은 경교경(經敎徑)의 선법으로 여래께서 말씀하셨기 때문에 후세 사람들이 여래선이라 한다. 선종의 선법으로 말하면 조사가 제창했다 하여 사람들이 조사선이라 하나 사실은 조사선도 여래께서 전한 것이며 조사가 독자적으로 발명한 것이 아니다. 부처님께서 영산회상에서 정법안장 열반묘심을 마하가섭에게 부촉하신 것이 곧 조사선의 연원이다.
2) 여래가 말한 언어의 뜻에 구애되어 해석과 견해를 내는 선.
3) 변화없는 본체가 연을 따라서 나는 것으로 만유의 모든 현상을 말한다.
4) 법을 들은 즉시 깨달아 점차 수행해 가는 것을 말한다.
5) 시각(始覺)은 본각(本覺)이 무명에 가린 뒤에 점차 무명을 제거하기 시작하여 점점 망심이 쉬어 고유의 본각을 회복하는 것이며 본각은 모든 중생이 본래 가지고 있는 자성청정심이다.
6) 불도 수행의 일기(一期)로 먼저 법을 믿고 다음에 법을 알고 다시 법에 의하여 수행하여 마침내 도과를 증오하는 수행 차제를 말한다.
7) 견도(見道)는 온갖 지식으로 잘못 아는 소견을 여읜 자리. 수도는 견도위(見道位)에서 온갖 지적인 미혹을 벗어나고 다음에 정(情)의 의로부터 일어나는 온갖 번뇌의 속박을 벗어나려는 수양을 쌓는 기간을 말한다.
8) 수행한 결과로 성불하여 만유의 실상을 깨달은 부처님이 되었다는 말이다.

화의돈(化儀頓)[1)]이란 무엇인가?

세존께서는 옛날 대통지승불(大通智勝佛)[2)] 세상에 16왕자의 한 분이셨다. 대통지승불이 정(定)[3)]에 드시자 16왕자들은 얼마 후 화엄(華嚴)[4)]의 강설을 들었는데 강설을 듣자마자 언하(言下)에 돈오(頓悟)[5)]한 분이셨다. 그후 한량없는 세상을 지나면서 여러 생에 걸쳐 점수(漸修)[6)]하다가 이제 석가회상(釋迦會上) 보리도량(菩提道場)[7)]에 이르러 천장 노사나신(千丈盧舍那身)[8)]을 나퉈 사자빈신삼매(獅子頻伸三昧)[9)]에 들어 대화엄(大華嚴)[10)]을 강설하면서 성상체용(性相體用)[11)]과 이사본말(理事本末)[12)]을 같이 일시에 돈설(頓說)[14)]하는 것을 다시 듣자마자 언하에 다시 득도견성(得度見性)[14)]하고 일문천오(一聞千悟)하여 대총지(大摠持)[15)]를 얻은 분이시다.

이것은 세존의 돈증오(頓證悟)[16)]를 말한 것이다. 그러므로 경에 이르기를 "옛날 화엄회상(華嚴會上)[17)]에서 나와 함께 선근(善根)[18)]을 심어 내 몸을 처음 본 대중(大衆)[19)]으로부터 마지막 서다림 대중

(逝多林大衆)[20]까지 다 법계(法界)[21]를 돈증(頓證)한 것이 이것이다"
라고 하는 것이다.

世尊 昔大通智勝佛十六王子 其佛入定 十六王子 次第講華嚴時 言下聞卽頓悟人 其後經無量世 多生漸修 以至今釋迦會中 菩提場中 現千丈盧舍那身 獅子嚬伸三昧 說大華嚴時 性相體用 理事本末 一時頓說 言下再度見性 一聞千悟 得大摠持者也 謂之頓證悟 故經云 昔在華嚴會 與我同種善根 始見我身 乃至逝多林大衆 頓證法界是也

| 주 |

1) 돈교이종(頓敎二種)의 하나로 화의란 교화인도의 의식으로 곧 부처님이 중생을 교화하였던 의식 방법이다. 돈교는 계급 점차(漸次)를 밟지 않고 바로 본원을 가르킬 때 개오(開悟)하는 교법이다. 『선원제전집(禪源諸詮集)』 3권에 "부처님이 성도하시어 숙세의 업연이 익은 상근대지(上根大智)에게 단번에 성상이사(性相理事)와 중생 불혹과 보살과 현성지위(賢聖地位)와 제불 만덕(萬德)과 인과응보와 초심즉득보리(初心卽得菩提)와 근원을 사무쳐 과위가 차게 되면 보살이라고 돈설(頓說)하시었다"고 하였다.
2) 대통중혜(大通衆慧)라고도 한다. 삼천진묵겁전(三千塵默劫前)에 세상에 나신 부처님 이름을 말한다. 아촉, 아미타, 석가 등 16부처님은 이 부처님이 세상에 있을 적에 왕자였다고 한다. 『법화경』에 나온다.
3) 마음이 한 경계에만 머물러 있어 산란하지 않는 것. 부처님은 항상 설법하시려고 할 때 삼매에 드신다.
4) 『화엄경』은 소승의 계단을 밟지 않고 직접 대승을 설한 경이다. 원 명칭은 『대방광불화엄경(大方廣佛華嚴經)』이다. 대방광은 소증(所證)하는 법이 되고 불은 능증(能證)하는 사람으로 대방광의 이(理)를 증득한 불(佛)이며 화엄은 바로 이 부처님을 비유한 것이다. 인위의 만행은 꽃과 같고 이 꽃으로 과지(果地)를 장엄하고 과거의 만덕은 꽃과 같고 이 꽃으로 법신을 장엄하였으므로 화엄이라 한다. 『화엄경』의 설시(說時)는 천태종과 화엄종의 설이 각각 다르다. 천태종은 『화엄경』을 일부팔회(一部八會)라 하고 따로 전후이분(前後二分)이 있다. 전분(前分)은 칠회(七會)로 부처님이 성도한 뒤 이칠일(二七日)간의 설법이라 하고 제8회의 후분(後分)은 그 뒤의 설법으로 화엄종에서는 성도 후 제이칠의 설법이며 팔회(八會)를 일시에 설한 것이라고 한다. 법상종(法相宗)에서는 이것을 제이칠일(第二七日)의 설법이라 함은 화엄종과 같으나 전과 후의 이분으

로 나누어 후분화엄(後分華嚴)은 후시(後時)의 설법이라 하며 천태종이 설한 것과 같다. 『화엄경』에는 세 가지 역이 있는데 동진(東晉)의 불타발타라(佛陀跋陀羅) 번역의 60권과 당나라 실차난타(實叉難陀) 번역의 80권, 당 반야(般若) 번역의 40권이 있다.

5) 법을 듣는 즉시 깨달음.

6) 법을 알고 점차 닦아 나가는 것.

7) 부처를 이루는 곳이 곧 보리도량이다. 마갈타국 니련선하(尼蓮禪河) 강변의 보리수 나무 아래 금강좌(金剛座). 부처님께서 여기서 도를 이뤘기 때문에 보리도량이라 한다.

8) 비로자나의 다른 이름이다. 부처님의 신광(身光) 지광(智光)이 이사무애(理事無碍)의 법계에 두루 비추어 원명(圓明)한 것을 의미한다. 천장(千丈)은 천수천안(千手千眼)과 같다.

9) 사자가 분신(奮迅)하면 그 동작이 민첩한 것처럼 여래가 대위력을 나타내는 선정을 사자에 비유하여 표현한 말이다.

10) 대(大, Mahā)는 자체관광(自體寬廣), 주변포함(周遍包含), 다(多), 승(勝), 묘(妙), 불가사의(不可思議) 등의 뜻으로 대화엄경(大華嚴經)은 대의 뜻을 지닌 승묘한 화엄경을 말한다.

11) 제법의 불변의 본성과 분별의 형상이며 진여법신(眞如法身)의 본체와 본체의 묘용으로 만법을 분석하는 말이다.

12) 이사(理事)는 도리(道理)와 사상(事相)으로 절대 평등한 본체와 차별한 현상이며 본말(本末)은 진제(眞諦), 속제(俗諦)와 같은 말이다.

13) 소승의 계단(階段)을 거치지 않고 직접 대승을 설하는 것을 말한다. 『화엄경』이 가장 대표적이다.

14) 성품을 보고 생사를 벗어나 열반을 얻는다는 뜻이다.

15) 대다라니(大陀羅尼)는 범어 다라니(Dhārani)로 총지(摠持)라 번역한다. 한 자 한 구절에도 한량없는 뜻을 지니고 있다는 뜻이다. 대(大)는 다라니를 아름답게 일컫는 말이다.

16) 단번에 올바른 지혜로 진리를 증득하여 깨달음.

17) 화엄사상을 들으려고 대중들이 모인 법회.

18) 선량한 근성(根性)으로 좋은 과보를 받을 좋은 인(因)이라는 뜻이다.

19) 부처님이 최초로 제도한 다섯 비구로 오군비구(五群比丘), 오개비구(五個比丘)라고도 한다. 교진여(憍陣如) · 액비(額脾) · 발제(發提) · 십력가섭(十力迦葉) · 마남구리(摩男拘利)이다.

20) 기원정사(祇圓精舍)와 대중(大衆)을 말한다. 서다태자(逝多太子)가 소유한 숲이므로 서다림이라고 하였다. 수달장자(須達長者)가 사서 정사(精舍)를 지어 부처님께 바쳤다. 『서역기(西域記)』에 "서다림은 번역하여 승림(勝林)이라 한다" 고 하였다.

21) 법은 제법(諸法), 계는 분계(分界)이다. 제법이 각각 자체가 있고 분계가 같지 않으므로 분계라 한다. 『동보행(同輔行)』에 "법계의 법은 곧 제법, 계는 분계를 말한다. 서로 같지 않기 때문이다" 하였고 『자지기(資持記)』에 "법계는 십계(十界)가 바른 것을 의미하며 진사(塵沙)는 그 많음을 말한다" 하였다. 『탐현기(探玄記)』에 "계에 삼의(三義)가 있다. 사의(四義)는 이에 의하여 성도(聖道)가 생하기 때문이다. 성(性)의 뜻이 있다. 제법이 성에 의지하기 때문이다. 분제(分齊)의 뜻이 있다. 제연(諸緣)의 기상(起相)이 잡(雜)하지 않기 때문이다" 하였다. 『보살영락본업경(菩薩瓔珞本業經)』에 "일법(一法) 계(界)에 삼계의 보(報)가 있다. 일체 유위법은 범(凡) · 성(聖) · 견착(見著) · 인(因) · 과(果)와 같아서 법계를 나가지 못하나 오직 부처님만은 법계 밖에 있다" 하였고 또한 18계의 하나로 의식이 소연(所緣)하는 경을 법계라 하며 육진(六塵) 중에 법진을 말하는 것 가운데 유위 무위의 일체법을 말하며 모두 의식의 소연이 된다" 하였다.

법계라는 말에는 세 가지 뜻이 있다. 첫째는 성법(聖法)을 내는 원인과 둘째는 만유제법(萬有諸法)의 체성이 되는 것과 셋째는 제법의 분계(分界)가 같지 않은 법의 모양이다.

축기돈(逐機頓)[1]이란 무엇인가

두 가지 뜻이 있다. 하나는 간혹 구박지 범부(具薄地凡夫)[2]의 이근대지(利根大智)[3]가 선지식(善知識)[4]을 만나 불법을 듣고 훈습(薰習)하여 여실지견(如實知見)[5]을 세우고 교 밖에 별도로 전하는 경절문(經截門) 큰 의단(疑團)을 수지하였으나 의단을 타파하지 못하다가 혹시 이생(二生)이나 삼생(三生) 동안을 부지런히 수행하여 금생에서 의단을 타파하고 활연히 해오(解悟)하는 것은 숙세에 영골(靈骨)[6]이 있어서 해(解)와 증(證)을 함께 갖춰기 때문이다.

처음 깨달았다고는 하지만 단번에 바로 여래지(如來地)[7]를 뛰어넘어 이것에 의하여 수습(修習)하면 무념(無念)으로 닦거나 일을 하면서 닦거나 활달한 자유인이 되어 배고프면 밥먹고 피곤하면 잠자고 일행삼매(一行三昧)[8]를 얻어 오위(五位)[9]와 원융항포(圓融行佈)[10]를 일시에 돈증(頓證)하는 것을 돈해오(頓解悟)[11]라 하니 주초(住初)[12]에 들어간 것이다.

또 하나는 숙세(宿世)에 덕분(德分)[13] 종자를 심어 삼보에 공양하고 한 부처님, 두 부처님, 서너 부처님에게 여러 선근을 심으면서 혹은 악행을 저지르고 혹은 윤회하다가 금생에 인연을 만나 깨달은 것을 단해오(單解悟)[14]라 하니 신위(信位)[15]에 들어간 것이다.

一或具薄地凡夫利根大智 遇善知識 聞薰佛法 立如實知見 受救外別傳經截門大疑團未破疑團前 或二生或三生勸修 今生疑團打破 豁然解悟 宿有靈骨 解證兼全 故名雖初悟 一超直入如來地 依此修習 無念修之辨事修 騰騰任運任運騰騰 飢來喫食困來眠 得一行三昧 五位 圓融行布 一時頓證名頓解悟 入住初也 二宿世植種德分 供養三寶 一佛二佛三四佛而種諸善根 或惡行或輪回 今生過緣發悟名單解悟 入信位者也

| 주 |

1) 돈교이종(頓教二種)의 하나다. 중생의 근기에 맞추어 본원(本源)을 가리키면 개오(開悟)하는 교법(教法)이다. 『선원제전집(禪源諸全集)』에 "상근이지(上根利智)의 범부를 만나 바로 진법(眞法)을 보여 주는 즉시 깨닫게 하는 것은 불과(佛果)를 이룬거나 다르지 않다"고 하였다.
2) 번뇌의 속박을 가진 범부.
3) 지능(智能)이 총명한 근기.
4) 불법을 신해(信解)하고 학문이 연박(淵博)한 사람을 말한다. 지식은 그 마음을 알고 그 형상을 안다는 뜻이다. 지인(知人)이란 붕우(朋友)의 뜻으로 박지(博知)와 박식(博識)을 말하는 것이 아니다. 선(善)은 나에게 이익됨을 말하고 도(導)는 나를 선도(善導)하는 것이다. 『법화문구(法華文句)』에 "이름을 듣는 것이 지(知)가 되고 형상을 보는 것이 식(識)이 된다. 이 사람이 나의 보리(菩提)의 도를 유익하게 하는 사람을 선지식이라 한다"하였고, 『법화경(法華經)』「묘장엄왕품(妙莊嚴王品)」에 "선지식은 대인연이다. 화도(化導)하여 견불(見佛)할 수 있도록 함을 말하며 아뇩다라삼먁삼보리심을 발하는 것이다"하였다.
5) 진리에 부합되는 지견(知見)을 말한다.
6) 불사리(佛舍利)로서 과거에 부처님의 기틀을 마련해 놓았다는 뜻이다.
7) 여래지는 부처의 지위(地位)로 『능가경(楞伽經)』에 "여래선을 닦는 사람은 여래지에 들어가 성지상(聖智相)을 자각하여 세 가지 즐거움에 머문다"고 하였다.
8) 전 우주의 온갖 물심(物心)의 현상은 평등하고 한 모양인 줄을 관하는 삼매. 또한 마음의 정(定)을 한 길로 가는 것. 같이 하여 정정(正定)을 닦는 것.
9) 유식종(有識宗)에서 세운 수행오위(修行五位)와 법상종(法相宗)에서 만유를 분류하여 세운 오위(五位)와 선의 철리(哲理)와 참선하는 공부를

묶은 정변오위(正偏五位)와 공훈오위(功勳五位) 등이 있으나 여기에서는 선에 관한 것이다.

10) 상섭(相攝) 돈오(頓悟)인 원융문(圓融門)과 차제(次弟) 점수(漸修)인 항포문(行布門).

11) 단번에 도리를 깨달아 아는 것을 말한다.

12) 십주(十住)의 처음으로 발심주(發心住) 십신(十信)의 종가입실관(從假入室觀)의 관법(觀法)이 완성되어 진무루지(盡無漏智)을 내고 마음이 진제의 이치에 안주하는 지위.

13) 공덕의 분량.

14) 문자에 반연(伴緣)하지 않고 마음만으로 깨달아 아는 것.

15) 십신위(十信位)로 부처님의 교법을 믿어 의심이 없는 지위(地位). 십신은 신심(信心)·염심(念心)·정진심(精進心)·혜심(慧心)·정심(定心)·불퇴심(不退心)·호법심(護法心)·회향심(廻向心)·계심(戒心)·원심(願心)이다.

점증오(漸證悟)와 점돈오(漸頓悟)

대통지승불(大通智勝佛) 때에는 화엄법회(華嚴法會)에 참례(參禮)하지 못하였고 점교(漸敎)[1]를 먼저 배웠기 때문에 번뇌가 본래 공(空)하다는 것을 보지 못하였고 점수(漸修)[2]를 먼저 닦았기 때문에 여러 겁(劫)[3]을 공행(功行)[4]해도 성품(性品) 보는 것이 원만하지 못하였으며 이치(理致)를 보는 것도 밝지 못하였기 때문에 얕은 곳에서 점점 깊은 곳으로 장통별원(藏通別圓)[5]하다가 이제 석가의 법 가운데 이르러서도 점기(漸機)[6]인 까닭에 화엄법회에서 귀머거리 봉사와 같아 돈법(頓法)[7]을 알아듣지 못하였다.

다시 얕은 곳에서 점점 깊은 곳으로 들어가 이제 법화법회(法華法會)[8]에서는 들은 즉시 깨달아 수기(授記)[9]를 받고 불명(佛名)을 짓기 때문에 점증오(漸證悟)[10]라 한다.

그러므로 규봉(圭峯)[11]이 말하기를 "옛날 화엄법회에 돈법(頓法)을 알아듣지 못하다가 이제 법화법회에서 법문을 들은 즉시 깨달게 되었는데 화엄법회에서 대중들이 법계를 돈증(頓證)한 것이나 차이가 없다"라고 하였다.

또한 금생에서 먼저 돈법(頓法)을 받아 경절문 대의단(經截門大疑團)을 수지(受持)하긴 하지만 근성이 둔열하여 알지 못하다지만 10년, 20년, 30년의 세월을 수행하여 그때 비로소 견성했을지라도 점돈오(漸頓悟)[12]니 역시 같은 신위(信位)이다.

大通智勝佛時 未參華嚴 先因漸敎 未見煩惱本空 先積漸修 功行多劫 見性未圓 見理未明 故從淺至深 藏通別園 至今釋迦法中 漸機故 又於今華嚴會如聾若盲 未聞頓法 從淺至深 今法花會中 聞卽開悟 授記作佛故 謂之漸證悟 故圭峯云 昔在花嚴 未聞頓法 今法花會 聞卽發悟 與華嚴會 大衆頓證法界 無有別異 又今生先受頓法 受經截門大疑團 根鈍不曉故 或十年二三十年過後 見性 漸頓悟 亦信位也

| 주 |

1) 천태종에서 말한 화의사교(化儀四教)의 하나다. 소승에서 대승으로 정칙적(正則的)인 점차(漸次)로 순서를 밟아 설한 교(教). 또는 점차로 배우는 교리.
2) 과일이 점점 익어가듯이 점차로 닦는 수행.
3) 불교에서 보통 년월일로써는 헤아릴 수 없는 아득한 시간을 말한다. 대개 겁을 표현하는데 개자(芥子) 불석(佛石)의 두 가지로 비유를 든다.
   개자겁이란 둘레 40리 되는 성중에 개자를 가득 채워 놓고 장수천인(長壽天人)이 3년마다 한 알씩 가지고 가서 모두다 없어질 때까지를 1겁이라고 한다.
   불석겁이란 둘레 40리 되는 돌덩어리를 하늘 사람이 무게 3수(三銖)되는 천의(天衣)로써 3년마다 한 번씩 스쳐 그 돌이 다 닳아 없어질 때까지의 기간을 1겁이라고 한다. 또 겁에는 대중소의 세 가지가 있다.
4) 공덕을 들여 수행함.
5) 천태종에서 부처님이 설하신 교리의 내용을 장교(藏教), 통교(通交), 별교(別教), 원교(圓教) 넷으로 나눈 화법사교(化法四教). 장교는 경율론 삼장으로 인연 생멸의 사제를 성문연각과 보살을 교화하는 부류가 판이하다. 통교는 공무생(空無生)의 사진제(四眞諦)를 설해 삼승(三乘)은 배움이 통하지만, 다만 보살은 정기(正機)로 삼고, 이승(二乘)은 방기(旁機)로 삼는다. 별교는 특별히 보살에게 대승의 무량법(無量法)을 설하지만 이승에겐 통하지 않는다. 원교는 최상이근(最上利根)의 보살에게 사리원융(事理圓融)의 중도실상을 설한다. 이상 사교는 부처님이 중생을 교화하는 법문이므로 화법이라 한다.
6) 점수로 깨달을 근기.
7) 돈오의 교법. 부처님이 성도한 직후 설하신 화엄의 설법.
8) 『법화경』을 강설할 때의 모임이다. 『법화경』은 『묘법연화경(妙法蓮華

經)』의 약칭으로 대승경전의 대표가 되며 일불승(一佛乘), 회삼귀일(會三歸一), 제법실상(諸法實相) 등에 대해 말한 경전이다. 천태종과 법상종의 소의경전이며 천태지자(天台智者) 대사는 『법화경』을 불교의 중심 사상으로 하였다.

9) 부처님이 큰 마음을 낸 중생에게 불명(佛名)을 지어주며 얼마의 세월을 지나 어느 나라 어디에서 무슨 부처가 될 것이라고 예언해 주는 것을 말한다.

10) 점차로 진리를 증득하여 깨달음.

11) 중국 화엄종 제5조인 종밀(宗密)의 별호(別號)이다. 『화엄경』을 연구하였으며 선교의 일치를 주장하였다. 규봉은 중국 협서성 남부에 있는 종남산(終南山)의 별봉(別峰). 규봉선사가 이곳에 주(住)하였기에 규봉이라 한다. 속성은 하씨(何氏)로 과주(果州) 사람이다. 당 원화(元和) 기년(己年) 공거(貢擧)에 부임하고 수주도원선사(道圓禪師)를 만나 머리깎기를 구하였다. 뒤에 형남충(荊南忠)과 낙양조를 뵈오니 모두 계합하여 인가하였다. 문종이 칙서로 자의(紫衣)를 하사하였다. 저서로 논소 90여 권이 있다. 회창 원년 정월 6일 앉아서 입적하였다. 그달 22일 전신을 받들어 규봉에서 다비하여 사리를 얻었는데 옥과 같았다고 한다. 탑은 청련이라 이름하였다. 선종(宣宗)이 정혜(定慧)라 추시(追諡)하였다.

12) 점수하다가 돈오하는 것.

항포원융(行布圓融)[1)]이란

눈[2)]에 가득한 삼라만상이 철저히 공(空)하다는 것을 모두[3)] 잊었다지만 아직도 잊지 못한거나 다름없다. 개중[4)]에 이름을 붙여 쓰지 않는 것이 천고이래(千古由來)로 조풍(祖風)[5)]을 떨친 것이로다.

滿日森羅徹底空 俱忘還以未忘同 介中不用安名字 千古由來振祖風

| 주 |

1) 항포원융은 차제항포문(次弟行布門)과 원융상섭문(圓融相攝門)으로 점수돈오(漸修頓悟)를 말한다.
2) 제법의 공무(空無)한 자체를 관하는 삼관(三觀)의 공관(空觀)에 해당한다고 할 수 있다.
3) 제법이 다만 반연(伴緣)으로 가상(假相)이 생겼음을 관하는 삼관(三觀)의 가관(假觀)에 해당한다고 할 수 있다.
4) 제법은 공(空)이 아니며 또한 가(假)도 아님을 관하는 삼관(三觀)의 중관(中觀)에 해당한다고 할 수 있다.
5) 조사의 가풍.

단제(單提), 전제(全提), 근제(勤提) 삼구(三句)를 보라

정조반야(靜照般若)

단제(單提)[1]는 즉 정(定)의 본체(本體)의 인(因)은 적적(寂寂)[2]이다. 바깥 경계, 선악 등의 일을 생각하지 않는 것을 적적이라 한다. 심지(心地)[3]가 무난(無亂)하여 자성(自性)이 정체(定體)[4]인즉 신심이 청정하여 본원(本源)[5]의 번뇌를 싹 쓸어 버리게 된다.

일체법(一切法)[6]을 세우지 않으니 심지가 적적하여 법신(法身)[7]을 공관(空觀)[8]하게 하는 것이 진제(眞諦)[9]의 이치이다. 추호도 일체법이 눈에 걸리지 않는 정조반야(靜照般若)[10]의 성품이 본각(本覺)[11]인 여래선(如來禪)[12]이다.

관조반야(觀照般若)

전제(全提)[13]는, 즉 혜(慧)의 본용(本用)인 과(果)는 불생(不生)[14]

이다. 혼침(昏沈)[15]과 무기(無記)[16] 등이 일어나지 않는 것을 성성(惺惺)[17]이라 한다. 심지가 어리석지 않아 자성의 혜(慧)[18]가 변화묘용(變化妙用)으로 보신(報身)[19]을 가관(假觀)[20]하게 하는 것이 속제(俗諦)[21]의 이치이다.

만상(萬像)이 바로 눈에 나타나는 관조반야(觀照般若)의 방편(方便)이 시각(始覺)[22]인 조사선(祖師禪)[23]이다.

실상반야(實相般若)

근제(勤提)[24]는 즉 정(定)과 혜(慧)[25]는 쌍융(雙融)[26]이다. 성성(惺惺)과 적적(寂寂)을 평등하게 수지하여 화신(化身)[27]을 중관(中觀)[28]하게 하는 것이 제일의제(第一義諦)[29]의 이치이다.

이(理)[30]와 양(量)[31]을 함께 눈에 드리우는 원만한 체(體)와 청정한 용(用)이 둘이 아닌 실상반야(實相般若)[32]로 동시에 가리기도 하고 비치기도[33] 한다.

單提全提勤提二句法示 單提則(定體因) 寂寂 不念外境善惡等事曰寂寂 心地無亂 自性定體則 身心淸淨 本源掃蕩也 立一切法心地寂寂 爲空觀法身 眞諦理也 纖毫不掛眼 靜照般若性 本覺如來禪 全提則(慧用果) 不生 昏住無記等曰惺惺 心地無癡 自性慧 變化妙用 立一切法 心地惺惺 爲假觀報身 俗諦理也 萬像頓彰眼 觀照般若方便 始覺祖師禪

勤提則(定惠)雙融 惺寂等持 爲中觀化身 第一義諦理也 理量雙垂眼 圓淨體用不二 實相般若 遮照同時

| 주 |

1) 말이나 글에 의지하지 않고 다만 마음으로써 마음에 전하는 법. 선종에서 아무런 수단 방편을 쓰지 않고 바로 본분의 참 뜻을 들어 보임.
2) 심의식의 흔들림이 그쳐 고요하고 편안한 경지.
3) 마음이 선악의 싹을 내는 것이 마치 땅이 온갖 식물을 내는 것과 같으므로 심지라 한다.
4) 나면서부터 마음을 한 곳에 머물러 두는 심작용(心作用)이 있는 생득선정(生得禪定)을 정체라 한다.
5) 자성 청정심을 말한다.
6) 일체 만유를 모두 포섭하는 말.
7) 법계의 이(理)와 일치한 부처님의 진신(眞身). 빛깔도 형상도 없는 본체신(本體身). 법성종(法性宗)과 법상종(法相宗)이 각각 그 뜻을 달리한다. 법상종은 유식론에 의거하여 법신에는 총상법신(總相法身)과 별상법신(別相法身)의 두 종류가 있다고 한다. 총상법신은 이(理)와 지(智)의 이법(二法)을 겸하며 금광명경의 여여급(如如及)과 여여지(如如智)에 법신의 뜻이 같다고 하였다. 삼신으로 말하면 자성신(自性身)과 자수용보신(自受用報身)의 이신(二身)이 합견(合見)하는 것. 이 뜻에 의하여 해석하면 법신은 이(理)와 지(智)를 나타내며 유위[智]와 무위[理]의 일체공덕은 법체성(法體性)의 소의(所依)이므로 법신이라 하며 또한 장엄을 성취한 일체의 공덕법이므로 법신이라 한다. 별상법신은 곧 삼신 가운데 자성신이며 오직 청정법계의 진여가 된다. 이 진여는 불의 자성이 되므로 자성신이라 하며 이 진여는 진상(眞常)의 공덕을 구비하였다. 일체지유위(一切智有爲)와 무위(無爲)가 공덕법의 소의이므로 법신이라 하며 오직 장엄한 공덕법을 성취하지 못하므로 법신이라 한다. 법상종에 의하면 진여의 이성은 진종각지(眞宗覺知)의 상이며 이지가 불이(不二)하면 진여의 무위와 같으며 진여도 또한 무위이다. 또한 성상이 불이하므로 진

여는 곧 법성이며 진여도 또한 법성이다. 이 이지불이(理智不二)에 법성이 숨는 것을 여래장이라 하고 여각(如覺)한 법을 쌓아서 법성을 나타내는 것을 법신이라 한다. 법성은 유위와 무위의 일체 공덕법을 나타내며 장엄의 몸을 성취하므로 법신이라 한다.

8) 제법은 공하여 자체가 없다고 한다.

9) 제일의제(第一義諦) 또는 승의제(勝義諦)라 부르기도 한다. 성지(聖智)가 보는 진실한 이상. 또는 여읜 법성을 내증(內證)한 것이다.

10) 3반야의 하나로 문자반야라고도 한다. 모든 경론 가운데 문자는 다 문자반야라 부른다. 또 무념무상의 상태로 묵조하는 것을 정조반야라 한다. 3반야에는 두 가지가 있다. 반야는 원상(圓常)의 대각으로 일각(一覺)과 삼덕(三德)이 있다. ①실상반야(實相般若)는 반야의 이체(理體)가 되어 본래 중생이 갖춘 것이 된다. 일체 허망의 상을 여의는 것은 반야의 실상이며 이는 소증(所證)하는 이체(理體)가 된다. ②관조반야(觀照般若)는 실상을 관조하는 실지(實智)를 말한다. ③방편반야(方便般若)는 제법을 분별하는 권지(權智)를 말한다. 또 하나는 ①, ②는 위와 같고 문자반야는 위 반야의 언교를 갖춘 오부(五部), 팔부(八部)와 대반야 등 반야경을 말한다. 『인왕경(仁王經)』에 "이 경의 제를 밝혀 반야라 하며 곧 종으로 삼았다. 여래의 품별(品別)을 관하여 삼종(三種)을 밝혔으며 실상과 관조와 문자이다" 하였다.

11) 중생이 본래 갖고 있는 각성(覺性).

12) 여래청정선(如來淸淨禪)으로 여래의 교설에 의거하여 깨닫는 선.

13) 종문(宗門)의 강요(綱要)를 완전 제기(提起)하는 것을 말한다. 『무문관(無門關)』 송(頌)에 "구자불성(拘子佛性)은 본분의 명령을 전제(全提)한 것이다" 고 하였다.

14) 불생불멸(不生不滅)은 상주(常住)의 별명으로 영생이라는 뜻이다. 『열반경(涅槃經)』에 "열(涅)은 불생(不生)이라 하고 반(槃)은 불멸(不滅)이라 말하여 불생불멸은 대열반(大涅槃)이라 한다" 고 하였다. 또 여래는 불생불멸의 경계 가운데 상주하므로 여래의 별명이기도 하다.

15) 심소(心所)의 이름을 혼침이라 한다. 마음으로 하여금 어둡고 답답하게 하는 정신 작용이다.

16) 무기(無記, Avyaksita)는 온갖 법의 도덕적 성질을 3가지로 나눈 가운데 선도 악도 아닌 성질로 선악 가운데 어떤 결과도 끌어오지 않는 중간성을 말한다. 이 무기에는 다같이 선악의 결과를 끌어올 능력이 없으면서도 수행을 방해하는 유부무기(有覆無記)와 방해하지 않은 무부무기(無覆無記)가 있다.

17) 정신에 혼침이 없이 항상 맑고 깨어 있는 상태.

18) 혜(慧, Mati)로 예지(叡智)의 뜻이다. 제법의 진상을 정확히 이해하고 진리에 계합(契合)하는 정확한 인식을 말한다. 사리를 분별하고 의념을 결단하는 작용이며 또는 사리를 통달하는 작용이다. 또한 지와 혜는 비록 통명(通名)이 되지만 두 가지가 실로 상대하여 유위의 사상(事相)에 달통하는 것을 지라 하고 무위의 공리(空理)에 통달하는 것을 혜라 한다.

19) 보신(報身, saṃbhoga Kāya)은 인위(因位)에서 지은 한량없는 원(願)과 행(行)의 과보로 나타난 만덕이 원만한 불신(佛身). 보신에는 자수용보신(自受用報身)과 타수용보신(他受用報身)의 두 가지로 나눈다. 자수용보신은 자기만이 증득한 법열을 느끼고 다른 이와 함께 하지 않는 것을 말하고 타수용보신은 다른 이도 같이 이 법열을 받을 수 있는 몸을 나타내어 중생을 제도하는 것을 말한다.

20) 제법은 인연의 가법일 뿐이라고 관하는 것을 말한다.

21) 속제(俗諦)는 출제(出諦) 혹은 세속제(世俗諦)라고도 부른다. 범부가 보는 세간의 사상(事相) 세간사물(世間事物)과 세간에서 인정하는 의의(意義).

22) 시각(始覺)은 본각(本覺)이 무명에 가리고 덮힌 후에 점차 무명을 제거하기 시작하여 망심을 쉬고 고유의 본각을 회복하는 것을 말한다.

23) 달마의 정전(正傳)인 석가의 마음을 마음으로 아는 선(禪). 문자를 세우지 않고 조(祖)와 조(祖)가 본을 전하는 선이다. 『능가경(楞伽經)』에 설한 여래선의 반대로 이 칭호를 세웠는데 곧 여래선은 교내(教內)의 요달하지 못한 선이 되고 조사선은 교외의 별전으로 지극한 선이 된다고 일반적으로 알고 있다.

24) 종문(宗門)의 강요(綱要)를 근행(勤行)하여 제기(提起)하는 것을 말한다.

25) 정(定)은 마음을 한 곳에 머물게 하고 혜(慧)는 현상인 사(事)와 본체인 이(理)를 관조하는 것을 말한다.

26) 두 가지로 융섭(融攝)한다는 뜻이다. 곧 성성(惺惺)과 적적(寂寂)을 융섭한다는 뜻이다.

27) 중생의 기연(機緣)에 따라 변화하면서 나투는 불신(佛身)을 말한다.

28) 편사(偏邪)한 미망을 여읜 법의 실리(實利).

29) 열반(涅槃) · 진여(眞如) · 실상(實相) · 중도(中道) · 법계(法界) · 진공(眞空) 등 깊고 묘한 진리의 뜻. 이 진리는 모든 법 가운데 제일이라 하며 제일의제라 함.

30) 경험적 인식을 초월한 상항불역(常恒不易), 보편 평등의 진여를 말한다.

31) 사(事)와 통한다. 곧 세간의 삼라만상.

32) 관조에 의거해 심성을 엿보아서 실상을 철저히 증득하면 실상반야라 한다. 정조(靜照)는 얼굴, 관조(觀照)는 몸, 실상(實相)은 마음에 비유할 수 있다. 정조(문자)가 도구라면 관조는 수단이며 실상은 목적으로 이 세 반야가 정연하게 일관되어 있다.

33) 제법을 파하여 공으로 보내는 것과 제법을 두고 뜻을 관하는 것. 『종경록(宗鏡綠)』에 "파립(被拉)이 같을 때 차조(遮照)도 동시다" 고 하였다.

삼제(三諦)[1]

진(眞)[2]은 일체법(一切法)을 민멸(泯滅)하고 속(俗)은 일체법(一切法)을 가립(假立)하고 중(中)은 일체법(一切法)을 절무(絶無)한다.

眞泯一切法 俗立一切法 中絶一切法

| 주 |

1) 공(空) · 가(假) · 중제(中諦)이다. 공제는 공무(空無)한 자체를 말하는 것이고, 가제는 유연(有緣)으로 생긴 가상을 말하는 것이고, 중제는 제법은 공도 아니며 가도 아니면서 또한 공이며 가인 중도실리(中道實利)를 말한다.
2) 진(眞) · 속(俗) · 중제(中諦)는 현실적인 표현으로 공(空) · 가(假) · 중제(中諦)와 같은 것이다.

삼관(三觀)[1)]

일진(一眞)에 상(相)이 없는 것이 진(眞)이며 법도 수행도 없는 것이 가(假)며 하나도 둘도 아닌 것이 중(中)이다. 이 삼관(三觀)의 명칭이 사뭇 다르다.

眞直無相謂之眞 無法無修謂之假 不一不二謂之中 此三觀名殊不同也

| 주 |

1) 공 · 가 · 중관으로 삼관은 삼제를 관하는 것이다. 이 삼관을 닦으면 삼혹(三惑)을 파괴하여 삼지(三智)를 증득하고 삼덕(三德)을 성취하게 된다. 표로 설명하면 다음과 같다.

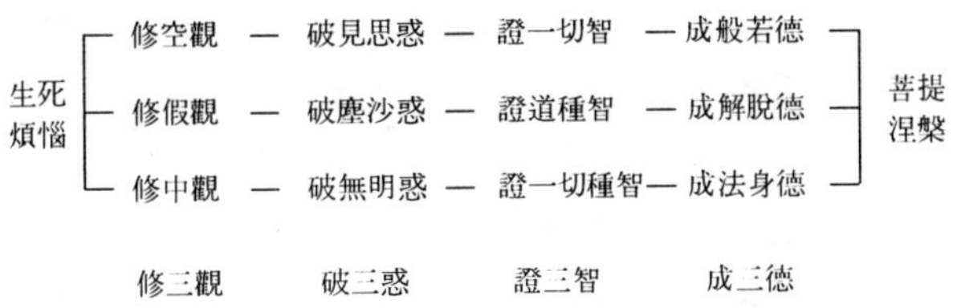

성자[1]의 노래

내 몸은

내 몸은 내 몸이 아니라 지수화풍(地水火風)이다. 나는[2] 너의[3] 종이 되어 의식(衣食)을 도우느라 어찌 이다지도 바쁘단 말인가! 나를 니리(泥犁)[4] 가운데 보내고 너는 소나무 아래 누워 해가 바뀌어 내가 돌아오면은 너는 나를 아프게 때리고 욕하는 구나.

영산탑

부처님은 영산(靈山)[5]에서 우리를 구제(救濟)하신다고 말하지 마라. 영산은 본디 내 마음 속에 있다. 사람사람마다 다들 영산탑(靈山塔)[6]을 갖추었는데 어느 누가 영산을 향해 묘리(妙理)[7]를 추구한단 말인가!

무위

총명하고 지혜가 많아 털끝[8]을 분석하면서도 무위(無爲)[9]를 알지 못하니 도가 자연히 더디다. 나무 위 원숭이가 쥐를 잡으려 해도 집안의 고양이 울음에 미치지 못한다네

무상

생각생각의 무상(無常)[10]함을 끌어 당길 수는 없는 것. 오늘 밤이나 내일 낮에나 언제 도를 알 수 있겠는가! 산새가 새벽에 창 밖에서 지저귀니 비로소 그러저럭 하룻밤만 보냈다는 걸 깨닫는구나!

바랑에

바랑에 바늘 하나 없는데[11] 어찌 발우와 가사(袈裟)가 있겠는가! 사해(四海)에 잔풍(殘風)[12]이 세게 불고 있지만 결국 바다를 맑고 고요하게 하여 한 물결[13]도 일어나지 않게 한다.

뼈저린 가난

흰구름을 팔아서 맑은 바람을 사느라 가산(家産)을 탕진하여 뭅시 가난[14]해졌네 오직 한 칸 띠집이 남았지만 떠날[15] 때는 그것마저도 병정동자(丙丁童子)[16]에게 넘기리라.

기밀의 뜻

옥녀(玉女)[17)]가 품은 기밀(機密)의 뜻은 높고 높아 진주(眞珠) 발[18)] 안에 몰래 북[19)]을 숨기고 달은 날줄로 구름을 씨줄로 하여 아무런 실도 없이 한 쌍의 물새를 수 놓아서 벽파(碧波)에 노닐게 하네

백천제불

참방(參訪)[20)]하여 도(道)를 물을지라도 별다른 할 수 있는 것이 없다. 오직 당사자가 힘을 써서 곧바로 집[21)]에 도착해야만 한다. 허공을 타파하여 한 물건도 없게 되면 백천제불(百千諸佛)[22)]이 다 눈 속에 들어가는 모래일 뿐이리라.

집

여러 과일[23)]들을 아직 다 소화하지 못했는데 어찌하여 또 배불리 먹고 따뜻한 방에 눕는단 말인가!

이 집은 수도인(修道人)이 도착하는 집인 것임을 알아야만 하니 양연(糧緣)[24)] 한 개가 천금(千金)을 능가하도다.

미타불

마음 마음은 옥호광(玉毫光)[25)]에 메어두며 생각 생각은 금색상(金色相)을 떠나지 않고 한량없는 색무(色舞)[26)]를 모두 보면 수많은 천지(天地)가 하나의 미타불(彌陀佛)이로다.

언제나 무

조주(趙州)[27)]가 말한 무자를 생각 생각에 간절히 참구하여 수백 번 참구 참구해도 언제나 무(無)[28)]가 들려지면 이것이 바로 의심덩어리가 만들어진 것이다.

무자삼매

생각 생각에 조주 무자(趙州無字)를 붙잡고 하루 종일 언제나 무자삼매(無字三昧) 행하고 머무르고 앉고 누울 때나 옷 입고 밥 먹을 때도 항상 무자삼매!

태허

조주 삼척검(三尺劍)[29)]에서 발산하는 빛을 쪼이면 태허(太虛)도 놀란다. 누구든지 칼자루를 쥐고 심로(心路)[30)]를 끊는다면 어찌 무여(無餘)[31)]에 다다른 것과 다를까 보냐!

띠집

마음 가운데 띠집[32)] 하나도 꿈에선 천여 가지 상서로움. 염불이 성공하면 당연히 극락국(極樂國)에 태어나리라.

그렇지만

서쪽[33)]에서 온 뜻을 아는 사람이 없음은 백락(百樂)[34)]은 있어도

종자기가 없는 격. 그렇지만 쓸쓸히 앉아[35] 심야(深夜)를 대한다면 잔월(殘月)은 발을 뚫고 선의(禪衣)를 사무치리라.

염불무진

달이 고요히 비추는 삼경(三更)[36]에 학당(學堂)에 앉아 염불이 무진(無盡)하니 부처도 없고 또한 사람도 아니로다. 손에 걸친 백팔염주[37]를 굴릴 뿐이니 백련화(白蓮花)[38] 위에 둥글고 둥근 것이 나타나네.

백련(白蓮)의 연밥

합장하고 서방(西方)을 향해 앉아 심념(心念)으로 미타(彌陀)를 응시(凝視)한다. 왕생극락(往生極樂)은 꿈에도 그리는 일 반드시 백련(白蓮)의 연밥에 앉아야 하겠다.

我身非我身 是地水火風 我當爲汝奴 衣食救安忙 送我泥犁中 汝右松下臥 他年作歸來 得汝痛打罵 佛在靈山莫言救 靈山只在我心頭 人人本具靈山塔 誰向靈山究妙理 聰明多智折毫裏 不識無爲道自遲 上上驢騮將捕鼠 堂堂不及破猫貌 念念無常牽不了 那知今夕與明彩 山禽向曉啼窓外 始覺安然過一宵 囊無一針子 何有針袈裟 四海殘風大 證清無一波 白雲賣來買清風 散盡家財徹骨窮 唯有一間茅屋在 臨行付余丙丁童 玉女懷機密意高 眞珠簾裡暗抱梭 月經雲緯無紗線 識註雙鳧戲碧波 參訪問道別無他 兄要當

人直到家 打破虛空無一物 百千諸佛眼中沙 無端木果尙難消 何況飽食臥溫堂 到處道人知此室 糧緣一介勝千金 心心常繫玉毫光 念念不離金色相無限色舞淸可目 許多天地一彌陀 趙州道無室 念念切參看 參到百永無 便是露團團 念念提起趙州無 十二時中永昧無 行住坐臥二邊時 着衣喫飯常提無 趙州三尺劒 當光赫太虛 把柄心路斷 何嘗到無餘 心中一茅屋 夢裡千種祥 念佛以成功 當生極樂國 西來一意沒人知 雖有百樂無子期猶坐寥寥向深夜 透簾殘月徹禪衣 月照三更學堂當 念盡無佛亦不人 手廻重重珠百八 白蓮花上影團團 合掌向西坐 凝心念彌陀 樂生夢想事 當在白蓮心

| 주 |

1) 수행자를 지도하는 조사를 성자라고 한다. 또 마음닦는 고매한 청정 수행자를 높여 성자라 지칭한다.
2) 사람의 주인공인 마음.
3) 지수화풍 사대로 구성된 몸.
4) 일반적으로 지옥을 말한다.
5) 중인도 마갈타국 왕사성 부근에 있는 산. 부처님이 설법하시던 곳. 이 산에는 신선들이 살았고 독수리가 많아 영축산(靈鷲山), 취두(鷲頭), 취봉(鷲峰), 취대(鷲臺)라고도 한다. 독수리의 영들이 산상(山上)에 있어서 이름한 것이라 하며 또 수리의 머리와 비슷하다 하여 이렇게 이름지었다고 한다. 불교에서는 영취산(靈鷲山)을 영축산으로 읽는다.
6) 탑은 사리를 모신 곳으로 영산탑은 곧 부처를 뜻한다.
7) 성불의 도리.
8) 미세한 부분까지도 생각이 미치면서도 진리를 알지 못한다는 뜻이다.
9) 무위는 반연의 조작이 없는 것. 곧 진리의 다른 이름이다.
10) 상주함이 없다는 것으로 염념무상(念念無常)과 상속무상(相續無常)이 있다. 염념무상이란 모든 유위법은 생각생각에 머무르지 않고 생멸하는 것을 말하고 상속무상은 얼마의 시간이 지나면 부서지고 없어지는 것을 말한다. 마치 사람의 죽음과 등불이 꺼지는 것과 같은 것은 상속무상이다. 여기서는 염념무상으로 가는 세월을 붙잡을 수가 없다고 한탄하고 있다.
11) 철저한 공의 경계를 말한다.
12) 습기(習氣)를 말한다.
13) 물결은 번뇌로서 한 물건도 일지 않는다는 것은 적멸의 상태를 말한다.
14) 뼈저리게 가난해 졌다는 것. 무수(無修)의 경계로 통달했다는 것을 말한다.

15) 수행자가 수행을 위하여 여러 지방을 돌아 다니는 것을 말한다. 떠난다는 것은 오공(悟空)의 상태, 또한 적멸(寂滅), 입적(入寂)의 뜻도 있다.
16) 화신(火神)으로 병(丙)은 형, 정(丁)은 아우가 된다. 『벽암록(碧岩綠)』에 현측(玄則)이 법안화상(法眼和尙)에게 물었다. "부처란 무엇입니까?", "병정동자에게 불을 구하러 온다"고 하였다. 병정동자에게 맡긴다는 것은 완전한 소진의 상태로 철저한 공의 상태, 열반의 경계를 펼쳐 보인 것이다.
17) 조사의 수법이나 학인의 참구 수선(修禪)의 형편을 베짜는 것에 비유하여 불입문자의 경계를 적나라하게 표현하였다.
18) 가느다랗게 쪼갠 대나무나 갈대 따위로 엮어 만들어 무엇을 가리는 데에 쓰는 물건.
19) 날의 틈으로 들락날락하면서 씨를 풀어주는 베틀의 제구. 방추(紡錘).
20) 조사나 선지식에게 참례(參禮)하여 공부나 부처에 대해 묻는 것을 말한다.
21) 깨달아 부처를 이룬다는 뜻.
22) 깨달아 대장부가 된 이상 백천제불과 동등하여 경례의 대상이 아니라는 뜻이다. 역설의 의미도 있다.
23) 수도 생활의 중요성, 부처 집의 살림살이의 가치를 평가했다.
24) 시주(施主)가 베푼 양식 한 알은 백천금을 능가할 만큼 값어치가 있어 공부하지 않고는 소화하기 어렵다. 또한 부처의 집에 도착할 때까지 배운 살아 숨쉬는 말씀 한 마디의 값은 천금을 능가하는 값어치가 있다.
25) 사종염불(四種念佛) 중의 관상염불(觀想念佛)로 옥호광은 부처님 미간에 있는 백호광명(白毫光明)을 말한다.
26) 현란한 춤, 부처님의 위신력을 말한다.
27) 구자무불성화(拘子無佛性話)를 간절히 참구하길 권장했다.
28) 조주의 무자가 중국에서 제창한 천칠백 공안(公案) 중의 제일의제가 된다고 한다. 그러나 무(無)는 무수(無數)의 세계에 변만해 있었다. 알지 못하는 어느 때의 깨달음의 길을 열어 놓은 부처님의 입에는 팔만사천의 법문이 망라되어 있었으며 무는 그 이전에도 그 부처의 입에도 이후의 석가모니, 조주에게도 항상 새로운 것은 아니었다. 무는 무가 아니며

그저 무라고 이름 지어졌을 뿐…. 우리가 바야흐로 깨달았을 때 그 깨달음으로 인도한 기연만이 수억천만 공안 중의 제일의제가 된다고 볼 수 있다.

29) 조주의 혓바닥으로 뱉어내는 눈부신 살아 숨쉬는 말씀.

30) 사랑의 길, 번뇌란 뜻.

31) 잔여가 없다는 것은 번뇌의 소멸로 곧 열반의 상태임을 말한다.

32) 지붕을 띠로 이은 집. 띠는 포아풀과에 속하는 다년초. 근경은 가늘고 길게 땅 속으로 뻗으며 줄기는 직립하여 높이 50~100㎝의 언주형이다. 어린 화수(花穗)는 감미(甘味)가 있어서 '삘기'라고 하여 어린 아이들이 뽑아 먹는다. 공덕 또는 삼매를 말한다.

33) 조사서래의(祖師西來意)를 모른다는 것은 눈 밝은 선지식이 적다는 뜻이다. 불교를 제대로 아는 사람이 없다는 뜻도 된다.

34) 『열자(列子)』에 나오는 지음(知音)의 고사로 백아(伯牙)의 거문고 소리를 오직 종자기(鍾子期)만이 이해해 주었다고 한다. 불법은 있는 데 깨달은 사람이 드물다는 뜻이다.

35) 수행인의 좌선에 비유하여 선의(禪意)를 표현. 잡념이 일어날 때는 다시 화두를 바로 들면 공부가 성숙되어 간다.

36) 밤 11시부터 1시까지의 시간을 삼경이라 한다.

37) 염불삼매(念佛三昧)의 경계를 표현했다.

38) 백련화가 피는 모양을 형용한 것으로 극락세계가 펼쳐진다는 뜻이다.

염불[1]에 대하여

아미타불(阿彌陀佛)은 범어(梵語)로 번역하면 무량수불(無量壽佛)이다. 부처 역시 범어로써 번역하면 깨달음이다. 이것은 사람사람 개개인마다의 체성(體性)[2]으로 대영각(大靈覺)[3]이 있어서 본래 생사가 없다. 예로부터 지금까지 영명정묘(靈明淨妙)[4]하고 안락자재(安樂自在)[5]한 이것이 어찌 무량수불이 아니겠는가!

그러므로 '이 마음을 밝히면 부처라 하고 이 마음을 말하면 교라고 하는 것이다.' 부처님께서 말씀하신 일대장교(一大藏敎)[6]는 사람사람에게 지시하여 스스로 성품을 깨닫게 하는 방편인 것이다.

방편이 비록 많지만은 요약해 말하면 유심정토(唯心淨土)[7] 자성미타(自性彌陀)라 할 수 있다. 마음이 깨끗하면 불토(佛土)도 깨끗해지고[8] 성품을 보면 불신(佛身)도 본다는 것이 바로 이를 말하는 것이다.

阿彌陀佛梵語 此云無量壽佛 佛者亦梵語此云覺 是人人個個之體性 有大靈覺 本無生死 恒古今而靈明淨妙 安樂自在 此豈不是無量壽佛也 故云明此心之謂佛 說此心之謂教 佛說一大藏教 指示人人自覺性之方便也 方便雖多 以要言之 則唯心淨土 自性彌陀 心淨卽佛土淨 性觀卽佛身觀 正謂此耳

| 주 |

1) 『태고집(太古集)』 낙암거사(樂庵居士)의 염불약요(念佛略要).
2) 물건의 본질과 불변의 성질.
3) 중생에게 본래 갖추어진 소소영영(昭昭靈靈)한 성품.
4) 신령스럽고 밝고 깨끗하고 미묘한 영각(靈覺)의 현상.
5) 편안하고 자유스러운 극락세계의 생활.
6) 부처님께서 일생동안 설하신 대장경의 교법을 말한다.
7) 내 마음 밖에는 아미타불도 정토도 없다고 하는 것.
8) 특히 『원각경』에서 잘 설명했다.

아미타불의 법신

아미타불의 청정미묘(淸淨微妙)한 법신(法身)은 일체중생(一切衆生)의 심지(心地)에 두루 가득 차 있다. 그러므로 '마음과 부처와 중생이 서로 차별이 없다' 고 하는 것이다.

또한 말하기를 '마음이 곧 부처며 부처가 곧 마음이며 마음 밖에 부처가 없고 부처 밖에 마음이 없다' 고 한 것이다.

阿彌陀佛 淨妙法身 偏在一切衆生心地 故云心佛及衆生 是三無差別 亦云心卽佛佛卽心 心外無佛 佛外無心

진실염불(眞實念佛)

만약 공안(公案)과 상응하는 진실염불을 할 줄 알면 곧 그대로가 자성미타(自性彌陀)이다. 하루 종일 행주좌와(行住坐臥) 가운데서 아미타불 명자(命字)를 마음의 눈 앞에 붙여놓고 심안(心眼)으로 부처님 명자를 타성일편(打成一片)[1]하여 마음마음이 서로 이어지고 생각생각이 어둡지 않을 때 치밀하게 '염불하는 이것이 누구인가?' 하고 반관(返觀)하기를 오래 오래하여 공부를 이루면 눈 깜짝할 사이에 심념(心念)이 끊어지고 아미타불 진체(眞體)만이 오롯이 현전(現前)에 나타나는 이때를 만나게 된다. 비로소 옛부터 내려오며 움직이지 않는 것을 부처님이라 부른다는 것을 믿을 수 있게 된다.

若相公眞實念佛 但直下自性彌陀 十二時中 四威儀內 以阿彌陀佛命字 帖在心頭眼前 心眼佛名 打戒一片 心心相續 念念不昧時 或密密返觀 念者是

雖 久久成功 則忽然間 心念斷絶 阿彌陀佛眞體 卓然現前當是時也 方信道舊來 不動名爲佛

| 주 |

1) 모든 정량계교(情量計巧)와 천차만별의 사물을 제거해 버린 상태.

화엄(華嚴)[1]의 큰 요지

마음은

자성미타(自性彌陀)란 우리 성품은 본래 청정하다는 것이다. 모든 성인의 자성(自性)이나 중생의 자성이나 성품은 본래 청정하여 위아래가 있을 수 없다. 성인에게 있어도 늘어나지 않고 중생에게 있어도 줄어들지 않는다. 준동함령(蠢動含靈) 일체중생(一切衆生)이 본래 한 성품인 것이다.

마음의 성품에는 옛과 지금이 없으며 멀고 가까움도 없으며 시작과 끝도 없으며 범부도 성인도 없으며 시작도 없는 광대겁(廣大劫)[2]을 내려오면서부터 요요(了了)[3]하고 영명(靈明)[4]해서 형상(形象)도 없으며 생사(生死)도 없으며 왕래(往來)도 없으며 언상(言相)도 없으며 명상(名相)도 없다.

백천만억겁(百千萬億劫)[5] 내려오는 천지의 본선(本先)은 시작도 없으며 천지의 말후(末後)는 끝도 없다. 천지 역시 내 마음 속에 있으며 허공 또한 내 마음 속에 존재해 있다.

마음의 체성

자성(自性) 가운데는 팔만법장(八萬法藏)[6]이 구족해 있고 삼신(三身)[7]과 사지(四智)[8]가 원만하여 수연불변(隨緣不變)과 전수전간(全收全揀)과 원융항포(圓融行布)와 성상체용(性狀體用)과 진제속제(眞諦俗諦)와 제일의제(第一義諦)와 항사성덕(恒沙性德)[9]과 무량묘용(無量妙用)[10]과 팔만바라밀(八萬波羅密)[11]이 다 구족해 있다. 성인과 중생이 차이와 분별이 없으며 모자람도 다름도 없다. 가만히 스스로 갖추어져 있다.

이 마음의 체성(體性)을 말하려 하지만 항하사수(恒河沙數)같은 모든 부처님의 언설로도 말하지 못하며 한량없는 법문의 설명으로도 표현하지 못한다. 누구라도 불성이 없을까 보냐!

마음의 성품

이 성품은 형상(形象)이 없어 나타내지 못하며 시출(示出)하지 못하므로 인과에 의지하지 않으며 언어로 말하지 못하며 적묵으로도 통하지 못한다.

행하고 머무르고 앉고 눕는 것과 말하고 침묵하고 움직이고 고요한 것이 육근(六根)이 상대하는 보고 듣고 깨닫고 아는 것이 자유스럽고 걸림이 없어 모르는 것이 없는 까닭이다. 모든 부처님께서 세상에 출현하신 것은 이 마음을 말씀하시기 위하여 오신 것이며 항하사 중생들이 무량겁(無量劫)으로 생사에 윤회하는 것은 일심을 미혹하여 생사에 윤회하기 때문이다.

이름과 형상을 붙일 수 없는 것을 일심(一心)이다, 자성(自性)이다, 일물(一物)이다, 일대사(一大事)다, 본분사(本分事)[12]다, 원각(圓覺)[13]이다, 묘법(妙法)[14]이다, 화엄(華嚴)이다, 실상(實相)[15]이다, 금강반야(金剛般若)[16]다 하고 부르는 등 명상(名相)이 많지만은 그 실체는 하나인 것이다.

해탈

범부 중생들이 자성(自性)을 잘 알지 못하기 때문에 비유로 자성을 해석해 본다. 자성은 마치 마니보주(摩尼寶珠)[17]와 같다. 마니주(摩尼珠)의 자성은 본래 청정하여 안과 밖이 맑고 투명하다. 오직 깨끗할 뿐 더러움이 없다. 갈고 닦지 않아도 본래 깨끗한 것이다.

마니주의 자성은 본래 청정하여 백천만억겁을 더러운 곳에 묻혀 있어도 일찍이 조금도 변하거나 달라지지 않았다. 청(靑)·황(黃)·적(赤)·백색(白色)의 빛을 투영(投影)해도 근본은 변하거나 달라지지 않았다.

이 마니주는 생멸이 없는 자성에 비유된다. 오색(五色)을 투영한 것은 인연따라 생멸의 마음을 일으키는 데 비유된다. 생멸이 인연따라 일어난다는 마음이 곧 변하지 않는 성품인 것이다.

그 성품은 본래 청정하여 본래 공적하며 텅비어 태어남이 없고 고요하여 모양도 없다. 이 공적을 알아서 법신(法身)[18]을 요달(了達)하여 법력(法力)을 일으킨다면 진정 참으로 해탈한 것이다.

백천삼매

만약 돈오자심(頓悟自心)[19]이 본래 청정하여 시초에 번뇌가 없으며 무루지성(無漏智性)[20]이 본래 스스로 구족한 이 마음이 곧 부처로서 필경에 다를 바 없다는 이것에 의지하여 수행하는 것이 최상승선(最上乘禪)[21]이며 여래청정선(如來淸淨禪)이라 하며 일행삼매(一行三昧)[22]라 하며 진여삼매(眞如三昧)[23]라 한다.

이것은 모든 삼매의 근본으로 만약 생각 생각에 잊어버리지 않고 수습한다면 자연히 백천삼매(百千三昧)[24]를 얻으리라. 달마(達摩) 문하에서 전전(展轉)하며 서로 법을 전한 자들이 바로 이 선(禪)을 사용했다.

야부송(冶父頌)[25]

원융무애(圓融無碍)[26]하기 태허(太虛)와 같아 모자람도 남음도 없도다.

몸과 마음

사람에게 몸이 있으니 원만하게 공적(空寂)[27]한 것이 몸이며 사람에게 마음이 있으니 광대하게 영통(靈通)[28]한 것이 마음이다.

이 몸과 마음은 누구나 가지고 있다. 다만 무명(無明)[29]에 가려져 있을 따름이다. 사대(四大)를 잘못 인식하여 자기의 신상(身相)이라 하고 육진(六塵)[30]이 반연(伴緣)된 그림자를 자기의 심상(心相)이라 한다. 이것 때문에 몸의 원만한 체성(體性)이 사대란 형상의 껍질 속으로 숨었으며 마음의 영통한 묘용이 육진의 반연인 번뇌 안에 빠진 것이다.

그러나 벗어났다거나 또는 잘못된 줄을 안다는 것 역시 단견(斷見)[31]이다. 두 가지 '변(邊)' 에 걸리게 되어 원만한 체성과 영통한 묘용이 현현(顯現)하지 못하는 것이다.

이제 아집(我執)[32]과 법집(法執)[33]을 둘다 잊어버리고 그 잊어버렸다는 생각 또한 잊어버린다면 원만한 체성과 영통한 묘용이 어느 새 눈 앞에 나타나리니 애초부터 모자람도 남음도 없었던 것이다.

自性彌陀者 我性本來清淨 諸聖自性衆生自性 其性本來清淨 無有高下 在聖而不增 處凡而不滅 蠢蠢衆生 本來一性也 是心之性 無古今 無遠近 無始終 無凡聖 自無始廣大劫來 了了靈明 無形象 無生死 無往來 無言相 無名相 百千萬億劫先天地而無其始 後天地而無其終 天地亦在我心之內 虛空亦在我心之內 自性之中 八萬法藏具足 三身四智圓滿 隨緣不變 全收全練 圓融行布 性狀體用 眞諦俗諦 第一義諦 恒沙性德 無量妙用 八萬波羅

密 悉皆具足 若言是心之體 恒沙諸佛以言不得語 無量法門以說不得現矣 誰無佛性! 此性無形 不以把現 不可以示出故 不依固果 不可以語言 及不可寂默通 而行住坐臥語默動定 六根所對 見聞覺知 自在無碍無所不知故 諸佛示現於世 語此心而出來 恒沙衆生 無量劫中 生死輪廻 迷一心而生死輪面也. 名不得狀不得者 名之爲一心 自性 一物一大事 本分事 圓覺 妙法華嚴 實相 金剛般若 名相雖多 其實一也. 然不知自性故 以喩解之 如摩尼珠 自性本來淸淨 內外明徹 淸淨無染 非磨洗而淨也 自性本來淸淨 百千萬億劫 埋染淚之中 曾不變異也 青黃赤白所照之影 本不變異也 此珠此自性無生滅也 五色之影 此隨緣之生滅心也 生滅隨緣起之心 卽是不變之性也 其性本來淸淨 本來空寂 空則無生 寂則無相 無相知空寂而了法身 引法力而眞解脫也. 若頓悟自心 本來淸淨 元無煩惱 無漏智性 本自具足 此心卽佛 畢竟無異 依此而修者 是最上乘禪 亦名如來淸淨禪 亦名一行三昧 亦名眞如三昧 此是一切三昧根本 若能念念修習 自然漸得百千三昧 達摩門下展轉相傳者 是此禪也. 圓同大虛 無欠無餘. 人有身 圓滿空寂者是 人有心廣大靈通者是 此身此心 阿誰獨無 但以無明不了 妄認四人 爲自身相 六塵緣影 爲自心相 由是 身以圓滿之體 隱於形穀之中 心以靈通之用 匿於緣慮之內 脫或知非 亦成斷見由滯之邊 圓滿之體 靈通之用 不能顯現 如今 我法雙忘 其忘亦忘 圓滿之體 靈通之用 豁然現前 初無欠剩.

| 주 |

1) 부처님의 만덕을 꽃에 비유하여 꽃과 같은 만덕으로 법신을 장엄함을 화엄이라 한다. 대개 최고를 뜻하며 화엄경을 지칭한다.
2) 광대무변한 겁으로 무량한 세월을 말한다.
3) 아주 분명하다는 뜻.
4) 신령스럽고 명철하다는 것.
5) 광대겁(廣大劫)과 같은 뜻으로 긴 세월이라는 것을 더 강조하는 말이다.
6) 8만 4천의 법장(法藏). 법장은 경전으로 온갖 법의 진리를 말한다.
7) 불신(佛身)을 성질상으로 보아 셋으로 나눈다. 법신(法身)·보신(報身)·응신(應身)으로 나눈다. 법신은 빛깔도 형상도 없는 이불(理佛). 보신은 인(因)에 따라 나타난 불신. 보살이 다겁(多劫) 동안 난행 고행을 견디어 정진 노력한 결과로 얻은 영구성(永久性) 있는 유형의 불신. 응신은 보신불을 보지 못하는 자를 제도하기 위하여 응화(應化)로 나타내는 불신. 역사적으로 존재를 인정하는 석가모니불과 같은 이. 또 법상종에서는 자성신(自性身), 수용신(受用身), 변화신(變化身)으로 나눈다. 삼신에 배치하면 다음과 같다.

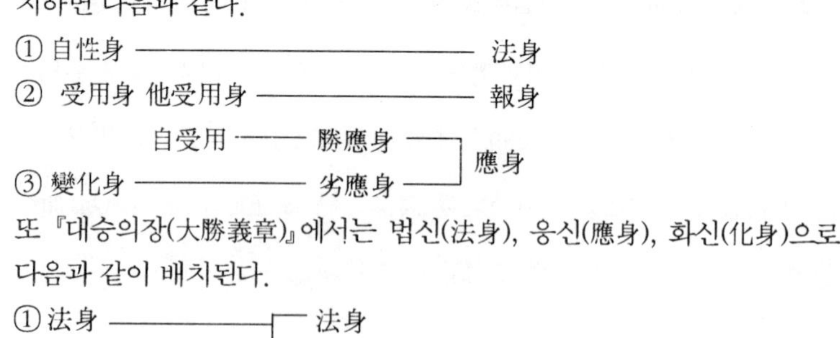

應身은 부처님과 같고 化身은 佛身이 아니고 인(人), 천(天), 귀(鬼), 축(畜) 등으로 나타나는 것.

8) 법상종에서 세운 네 가지 여래의 지혜로 성소작지(成所作智)·묘관찰지(妙觀察智)·평등성지(平等性智)·대원경지(大圓鏡智). 성소작지는 불과(佛果)에 이르러 유루(有漏)의 전오식(前五識)과 그 상응심품(相應心品)을 전사(轉捨)하고 얻은 지혜. 묘관찰지는 제6식(第六識)을 바꾸어 얻은 지혜. 평등성지는 제7식을 굴려 얻은 무루지혜(無漏智慧). 대원경지는 유루(有漏)의 제8식을 뒤집어서 얻은 무루의 지혜.

9) 만유는 다 각각 저마다 본성에 선악 미오(米悟) 등 여러 가지 성능을 갖추었다는 말. 또 항하사는 성덕(性德)을 수식했다.

10) 특수 미묘한 진여의 작용. 법계에 두루하여 무량한 변화를 보임으로 무량묘용이라 한다.

11) 바라밀(波羅密, Pāramitā)은 피안(到彼岸), 도무극(度無極), 사구경(事究竟) 등으로 번역. 곧 이상(理想)의 경지에 이르고자 하는 보살 수행의 총칭. 8만 4천은 많은 바라밀의 길을 말한다. 보살의 대행(大行)은 일체자행화지(一切自行化地)의 일을 구경(究竟)하는 것이므로 사구경이라 한다. 이 대행을 승(乘)함을 생사의 피안에서 열반의 피안까지 가는 것이므로 도피안이라 하고 이 대행으로 제법의 광원(廣遠)함도 능도(能度)하므로 도무극이라 한다.

12) 본래 주어진 일.

13) 원만한 깨달음을 이룩하신 분이 부처님이다.

14) 부처님의 법문.

15) 유위법은 다 허망하나 이것만은 홀로 실답고 변하지도 부서지지도 않으므로 실상이라고 함. 다른 말로 불성, 진여, 진제 등으로도 불리워진다.

16) 금강은 굳고 예리하여 다른 물건이 부수지 못하므로 불성에 비유하였고 반야는 진리를 깨달은 최고의 지혜로서 부처님만이 갖는 지혜.

17) 마니보주(摩尼寶珠, Mani)로 여의주(如意珠)라고도 하며 이 구슬은 용왕의 뇌속에서 나온 것이라 하여 사람이 이 구슬을 갖고 있으면 제독(諸毒)이 해칠 수 없고 불에 들어가도 타지 않는 공덕이 있다고 한다.

18) 법신(法身)의 위신력. 불법의 위력.

19) 마음 자체를 말하며 점오(漸悟)가 아닌 돈오(頓悟)의 성질로 보아 돈오자심(頓悟自心)이라 하였다.

20) 모든 번뇌의 허물을 여읜 청정한 지혜의 성(性).

21) 규봉종밀(圭峯宗密)선사가 세운 오종선(五種禪)의 하나로 여래선(如來禪)을 말한다. 여래선이란 『능가경』에 있는 것으로 규봉은 이것으로 교선일치(教禪一致)를 주장하여 달마가 전한 최상승선이라 했다.

22) 전우주의 온갖 물(物), 심(心)의 현상은 평등하고 한 모양이라고 관하는 삼매. 삼매(三昧, Samādhi)는 산란한 마음을 잡아 망념에서 헤어나는 것.

23) 일행삼매(一行三昧)라고도 하며 고요히 하여 진여평등한 이치를 관하는 삼매.

24) 백천 가지의 삼매.

25) 야부도천(冶父道川)선사. 『금강경』을 주해한 스님.

26) 법상(法相)이 없다는 뜻. 법상은 만유의 모양임.

27) 지수화풍(地水火風) 사대(四大)가 가합하여 원만하게 모양을 갖춘 것 같으나 사실 몸은 실체가 공무(空無)하여 적정(寂靜)한 것임.

28) 마음은 광대하기 이를 데 없고 신령스럽게 통달하는 미묘한 성질이 있다.

29) 삼독(三毒)의 하나로 어리석음을 말함. 이 어리석음 때문에 진리를 알지 못한다. 삼독은 삼근(三根)이라고도 하며 탐독은 인취(引取)의 마음을 탐이라 하며 미심(迷心)으로 일체 순정(順情)의 경(境)을 대하여 인취하여도 싫음이 없는 것. 진독(瞋毒)은 에념(恚念)의 마음을 진(瞋)이라 하며 미심으로 일체 정(情)과 어긋나는 경(境)을 대하여 염노(念怒)를 일으키는 것. 치독(痴毒)은 미암(迷闇)한 마음을 치라 하며 심성이 암둔하여 사리의 법에 미혹되는 것. 이 어리석음을 무명이라 함. 무명에는 두 가지 종류가 있다. 치독이 홀로 일어나는 것을 독두무명(獨頭無明)이라 하고 탐독(貪毒)과 함께 일어나는 것을 상응무명(相應無明)이라 함. 탐독 등은 반드시 치독과 상응하여 일어난다고 함. 『지도론(智度論)』에는 "나에게 이익이 있는 것은 탐욕을 생하고 나에게 거스림이 있는 것은 진에를 생한다. 이 결(結)은 지(智)를 따라 생기는 것이 아니고 광혹(狂惑)

을 따라 생하므로 치라 한다. 삼독이 일체 번뇌의 근본이 된다"하였고 『대승의장(大乘義章)』에 "이 삼독은 삼계의 일체 번뇌를 통섭(通攝)한다. 일체 번뇌가 능히 중생을 해하는 것이 독사와 같고 또한 독룡과 같다. 이러하므로 용에다 비유하여 독이라 한다" 하였으며 『지관』에는 "사대는 신병(身病)이 되고 삼독은 심병(心病)이 된다" 하였다.

30) 육식(六識)으로 인식하는 대경(對境)으로 색 · 성 · 향 · 미 · 촉 · 법(色聲香味觸法). 이 육경(六境)은 육근(六根)을 통하여 몸속에 들어가 우리들의 정심(淨心)을 더럽히고 진리를 덮어 흐리게 하므로 진(塵)이라 함. 『원각경(圓覺經)』에 "사대를 망인(妄認)하여 자신상(自身相)이 된다" 하고 "육진의 연영(緣影)이 자심상(自心相)이 된다" 하였고 정심계관(淨心誡觀)』에 "무엇을 진(塵)이라 하는가? 정심이 분오(坌汚)하여 몸에 닿으면 때가 되므로 진이라 한다" 하였으며 『삼계차제(三界次弟)』 상(上)에 "진(塵)은 오염의 뜻이며 능히 정식을 오염하므로 진이라 통칭(通稱)한다" 하였다.

31) 몸과 마음은 같이 단멸(斷滅)한다고 고집하는 견해. 상견(常見)은 몸은 죽어도 마음만은 상주한다고 고집하는 견해. 둘다 잘못 인식하는 견해이다.

32) 아집은 망령되게 사람에겐 아체(我體)가 실로 존재한다고 고집하는 소견. 아집을 인집이라 한다. 오온이 가화합하여 견문각지(見聞覺知)의 작용이 있고 이 가운데 항상 하나의 주재하는 인아(人我)가 있다고 고집하여 일체의 번뇌장이 이 능집을 따라 일어나게 된다.

33) 일체법(一切法)은 실재로 존재한다고 고집하는 소견을 법집이라 한다. 불명(不明), 오온(五蘊) 등의 법이 인연을 따라 생함이 환(幻)과 화(化) 같음을 법에 실성(實性)이 있다고 고집하는 것. 일체의 소지장(所知障)이 이 법집을 따라 일어나게 된다.

양개조사송(良介祖師頌)[1]

명리(名利)도 영달(求榮)도 구하지 말고 다만 인연따라 인생을 보내도록 옷이 떨어지면 거듭 기워입고 양식이 없을 때는 돌아다녀 자영(自營)하라. 세 치 호흡이 소멸하면 누가 주인인가. 백 년의 몸에는 허명(虛明)[2]만 희롱하네

한낱 환신(幻身)[3]이 몇 날이나 산다고 몸의 한사(閑事)를 위해 무명(無明)만 기를 것인가!

不求名利不求榮 只麼隨緣度此生 衣裳破處重重補 粮食無時旋旋營 三寸氣消誰是主 百年身後謾虛名 一箇幻身能幾日 爲他閑事長無明

| 주 |

1) 동산양개선사(洞山良介禪師, 807~869). 조동종(曹洞宗)의 개조(開祖). 청원하사세(靑原下四世). 운암 담성의 법제자(法弟子). 중국 회계 사람이다. 당나라 대중 말년에 신동산에서 학도(學徒)를 가르치고 그후 예장의 동산 보리원으로 옮겨 종풍을 선양하였다. 동산이란 이름은 여기서 생겼다. 그 문하에 운거 도응, 조산 본적, 소산 광인, 청림 사건, 용화 거둔, 화엄 휴정 등이 배출하여 동산의 가풍이 더욱 진흥되어 드디어 조동이란 한 종파를 이루었다.
2) 내실이 없이 이름나 알려진 것. 죽은 뒤에는 장부에 이름만 남는다는 뜻.
3) 환화(幻花)와 같은 몸을 말한다.

구피화상송(狗被和尙頌)[1]

흰술로 낯짝을 붉힌다면 6월[2]에 개가죽을 쓴 격이다. 또한 황금은 사람 마음을 검게 하는데 어찌하여 황금만 모으려 하는가.

白酒紅人面 六月狗被者 黃金黑人心 如何捨黃金

| 주 |

1) 술 마시며 재물을 탐착하는 수행자를 꾸짖는 게송.
2) 오뉴월 염천(炎天)으로 한여름을 뜻함.

고령신찬사송(古靈神讚師頌)[1]

창을 뚫으려 하다니 어리석고 어리석도다. 왜 열린 문으로 나가려고 하지 않는가! 백 년 동안 고지(故紙)[2]를 깊이 연구하여 어느 날[3]에 머리를 내밀 것인가!

49년[4] 동안 힘든 공력을 쌓았지만 거북털 토끼뿔만 허공에 가득하며 한겨울 납월 파일[5]에 가피를 아래로 드리웠지만 화로의 뜨거운 홍염 속으로 떨어졌네.

망심(忘心)으로 도(道)를 구하면 도를 밝히기 어렵나니 무념(無念)으로 공(空)을 관해야 공을 체득하게 된다. 불조(佛祖)의 회광처(回光處)[6]를 알고자 하는가! 대숲[7]은 서쪽 부근에 돌다리는 동쪽에 있다.

부평초[8]여! 부평초여! 동서남북에 계교(計巧)할 곳이 없구나! 살아서는 그렇게 바삐 떠돌아 다니다가 죽어서는 남들의 불쏘시개가 되는구나.

投窓也大痴 空門不肯出 百年鑽故紙 何日出頭時 四十九年積累功 龜毛兎角滿虛空 一冬臘日垂垂下 落在紅爐熱焰中 將心求道道難明 無念觀空卽體空 欲識佛祖面光處 竹林西畔石橋東 獨孤蘽兮獨孤蘽 南北東西無計校 生前受用伊麽偈 死後從他野火燒

| 주 |

1) 고령신찬선사(古靈神讚禪師). 중국 복주(福州) 대중사(大中寺)의 한 노승의 제자가 보니 스승이 창가에 앉아 경을 보고 있는데 마침 벌이 창호지를 뚫고 날아가려고 애쓰고 있는게 보였다. 신찬이 말하길 "방문이 열려 있는데 그곳으로 가지 않고 왜 창문을 뚫으려고 하느냐!" 하며 스승을 힐책하는 이 시를 지었다고 한다. 『신찬록(神讚錄)』에 있다.
2) 불교 경전을 말한다.
3) 불법을 깨달을 날이 언제일런가!
4) 부처님이 성도하시어 중생을 제도하신 햇수.
5) 부처님이 성도하신 날.
6) 회광반조(回光反照)로 언어 문자에 의지하지 않고 자기를 회고반성하여 바로 심성을 조견(照見)하는 것.
7) 오도(悟道)의 경계. 현상계를 직시한 평등무여(平等無餘)한 상태.
8) 중생의 인생살이를 한갖 떠돌아 다니다가 불쏘시개로 없어지고 마는 부평초의 생애에 비유했음.

신수선보송(神秀禪步頌)[1]

몸[2]은 보리수. 마음은 명경대와 같아 시시때때 부지런히 털고 닦아 먼지가 끼지 않도록 하라.

身是菩提樹 心如明鏡臺 時時勤拂拭 勿使惹塵埃

| 주 |

1) 신수대사(神秀大師, ?~706). 중국 당나라 스님으로 북종선(北宗禪)의 개조다. 동문(同門)의 혜능(慧能)이 오조(五祖)의 법사(法嗣)가 되어 스승의 명으로 남방에 가서 도법(道法)을 널리 편 이래 혜능이 전한 것을 남종(南宗)이라 하고 신수가 전한 것은 북종(北宗)이라 한다. 신수는 교선(敎禪)을 수습(修習)했다 하여 선보(禪步)라 한다.
2) 이 게송은 점수(漸修)의 인연법으로 알려져 있다.

육조대사송(六祖大師頌)

보리[1]는 원래 나무가 아니며 명경 또한 대가 아니다. 본래 한 물건[2]도 없는데 어느 곳에 먼지가 끼겠는가!

菩提本無樹 明鏡亦非臺 本來無一物 何處惹塵埃

| 주 |

1) 이 게송은 인연법을 떠난 돈오의 경지로 유명함.
2) 세간의 모든 사물은 허망하여 실다운 것이 없는 인연으로 일어난 환과 같은 것이어서 본래 이름 붙일 한 물건도 없다고 한다.

연수화상송(延壽和尙頌)[1]

북[2]을 치며 인명(人命)을 재촉하는데 고개 돌리니 해는 지려고 한다. 황천엔 여인숙도 없다는데 오늘 밤은 누구 집에서 기숙할꺼나!

새[3]들은 한 가지에서 함께 자다가 날이 밝으면 각자 날아간다. 인생 또한 이와 같은 것 어떻게 숨을 거둘 것인가!

打鼓催人命 面頭日欲斜 黃天無一店 今夜宿誰家 鳥宿共一枝 天明名自飛 人生亦如此 如何及噗噗

| 주 |

1) 영명연수선사(永明延壽禪師, 904~975)로 중국 북송시대의 선승. 28세에 취암스님에게 출가하고 천태 덕소(德韶)국사에게서 선지를 깨닫고 법안종(法眼宗) 제3조가 된다. 송 건융 1년 오월왕 충의가 영은사에 주지하게 하더니 이듬해에 영명사로 옮기고 항상 염불을 외워 정토 왕생을 원했다. 밤에는 귀신에게 먹을 것을 주고 낮에는 방생하면서 염불하다가 개보 8년에 죽었다.
2) 우리의 인생을 형장의 사형수에게 비유하여 염불이 급박함을 표현했다.
3) 인생살이를 새들에 비유하여 염불의 긴요함을 표현했다.

삽삼시(卅三詩)[1)]

마야(摩耶)[2)]의 두리당(肚裏堂)[3)] 세계[4)]의 체성은 한결같아 삽삼
여러 조사들이 동시에 비기(秘記)[5)]를 받았네

摩耶 肚裏堂 世界體一如 三三諸祖師 同時授秘記

| 주 |

1) 선종의 33조사(祖師)로 서천의 28조와 중국의 오조를 말한다.
2) 마야(摩耶, Māyā)는 부처님의 어머니로 구리성주 선각왕의 누이이고 가비라성주 정반왕의 왕비이다.
3) 석가모니 부처님을 잉태했기 때문에 마야부인의 배를 두불당이라 한다.
4) 부처를 잉태하는 두불당의 세계로써 조사 각자의 두불당이다.
5) 비기는 수기(授記)로서 부처님이 보살들에게 다음 세상에 성불하리란 것을 예언하는 것.

염불시수

마음은 한 금산(金山)[1]을 생각하고 손은 백팔염주를 굴리면서 생각[2]하는 것이 누구인가? 하고 반관해 보라. 부처도 아니고 물건도 아니로다.

心想一金山 手回珠百八 返觀念者誰 非佛亦非物

| 주 |

1) 극락세계를 말한다.
2) 곧 염불시수(念佛是誰)로 염불참선(念佛參禪)이다.

성불하지 못하는 이유

문 : 어떻게 자심(自心)이 청정하다는 걸 알 수 있습니까.

답 : 십지경(十地經)[1]에 이르기를 "중생 몸 가운데 불성이 들어 있다. 그 체성은 밝고 원만하여 광대무변하지만 다만 오음(五陰)에 가리고 덮여 있을 따름이다. 마치 통 속에 들어 있는 등(燈)과 같이 빛을 발휘하지 못하는 것과 같다 하였다. 비유하면 사람 주위 사면팔방(四面八方)이 짙은 안개로 자욱하고 구름으로 덮여 있는 것과 같은 것이다. 어떻게 찬란한 햇빛을 볼 수 있겠는가?"

문 : 준동함령(蠢動含靈)이 다 불성(佛性)이 있다고 했는데 어찌하여 중생들이 성불하지 못하는 것입니까?

답 : 다만 정성껏 자심(自心)을 발명(發明)하지 못하기 때문이다.

問曰何知自心本來淸淨 答云十地經曰衆生身中有佛性 體明圓滿 廣大無邊 只爲五陰必覆 如甁內燈 光不能炤輝 譬如 人間八方雲霧俱起 豈能爛日地 問曰蠢動含靈 皆有佛性 回甚衆生不成佛 答云只是情誠 不自內證也

| 주 |

1) 『십지경(十地經)』은 9권으로 되어 있다. 당 시라달마가 번역했다. 『화엄경』「십지품」의 다른 번역이다.

각령의 성

부처라는 말은 서국어(西國語)[1]이다. 번역하면 각성(覺性)[2]이라 한다. 각(覺)은 영각(靈覺)[3]의 성(性)[4]으로서 일상 생활에서 시기에 따라 물건을 접대(接對)하면서 미간을 찡그리고 눈을 깜박거리며 손을 놀리고 발을 움직이는 것이 이 각령(覺靈)의 성질이다.

성(性)은 즉 마음이며 마음은 즉 부처이며 부처는 즉 도(道)이며 도는 즉 선(禪)이다.

佛是西國語 此土云覺性 覺者 靈覺之性 隨機接物 揚眉瞬目 運手動足 皆是覺靈之性 性卽是佛 佛卽是道 道卽是禪

| 주 |

1) 서건(西乾)이라고도 하며 인도를 말한다.
2) 각지(覺知)하는 성품. 즉 진리에 계합하여 이를 증득할 만한 소질.
3) 중생에게 본래 갖추어져 있는 각오(覺悟)의 성품. 『42장경』에 "영각을 관하면 즉 보리이다"고 했다.
4) 천연 그대로의 본질.

바라밀

마음에 성냄이 없는 것이 참 보시(布施)[1]이며 입에 타박(打撲)[2] 하지 않는 것이 묘향(妙香)[3]을 피우는 것이며 얼굴에 화냄이 없는 것이 참 공양(供養)[4]이며 기쁨도 없고 성냄도 없는 것이 진상(眞常)[5]이다.

心裏無嗔眞布施 口裏無嗔 眞吐妙香 面上無嗔眞供養 無喜無嗔 是眞常

| 주 |

1) 보시(布施, Dānā), 희사(喜捨), 수혜(授惠)라고도 한다. 삼시(三施)의 하나로 자기가 갖고 있는 것을 남에게 베푸는 것으로 재시(財施), 법시(法施), 무외시(無畏施)로 나눈다. 돈이나 물품을 주는 것뿐만이 아니라 친절한 행동도 보시이며 신자(信者)가 승려에게 재물을 주는 것을 재시, 승려가 신자를 위하여 법을 설하는 것을 법시라 한다. 시행(施行)에는 여러 가지가 있으나 재물로 시여(施與)하는 것이 본의가 되며 큰 부락(富樂)의 과를 얻는다.
   재시(財施)는, 지계(持戒)하는 사람은 타인의 재물을 범하지 않으며 또 자기의 재물을 타인에게 시여하는 것. 법시(法施)는 능히 사람을 위하여 설법하여 개오(開悟)하고 득도하게 하는 것. 무외시(無畏施)는 일체 중생의 두려움을 없애 주고, 온갖 공포에서 벗어나지 못한 중생에게 용기를 주거나 진리를 깨우치게 하여 생사의 두려움을 없애 주는 것을 말한다.
   또다른 삼시(三施)에는 소음식시(小飮食施)로 음식을 사람에게 보시하는 것으로 이는 하품의 보시이다. 진보시(珍寶施)는 진보로서 사람에게 보시하는 것으로 이는 중품의 보시이다. 신명시(身命施)로 신명으로 남에게 보시하는 것으로 이는 상품의 보시가 된다.
2) 허물을 잡아 몹시 나무라며 물리치는 것으로 때리고 친다는 의미도 있다.
3) 묘(妙)는 불가사의, 절대, 무비(無比) 등의 뜻으로 심식을 깨끗하게 하는 미묘한 향.
4) 공양(供養, pujanā)은 여러 가지 물건을 삼보, 부모, 스승, 죽은 이에게 공급하여 자양(資養)하는 것.
5) 여래가 얻은 법.

정혜

인생은 환(幻)과 같고 꿈과 같아서 즐거운 날이 끝날 때에는 외로운 날이 자란다. 만약 마음에 정혜(定慧)가 없다면 죽어서 무슨 물건으로 명왕(冥王)에게 보답할 것인가!

人生如幻又如夢 樂日終時若日長 若也心頭無定慧 死將何物答冥王

조주화상의 행적

진진국(秦秦國)[1] 예주(曳州) 지방의 임리(林里)에 두 아이가 있었는데 임사(林寺)에 같이 출가하여 승려가 되었다. 한 명은 종심(從諗)이고 한 명은 달정(達正)[2]이다. 두 사람이 태양산(太陽山)[3]으로 들어가 두 봉우리 한 계곡 사이에 초암(草庵)을 짓고는 같은 마음으로 도를 닦아 성불하여 중생을 교화하자고 발원하였다.

종심이 그 당시 도를 깨치게 되니 예주의 지명을 조주(趙州)[4]라 고쳐 불렀다. 달정은 성불하지 못하고 죽었다. 종심화상은 나라의 동부 관음원(觀音院)에 주석하였다. 칠백갑자(七百甲子)[5]를 기다린 후에 달정이 그 나라의 왕이 되었는데 출가하여 법명을 문언(文彦)이라 하였다. 하루는 개를 안고 와서 조주화상에게 물었다.

"화상이여! 개도 불성이 있습니까? 없습니까?"[6]

"없다."

이 무자(無字)는 천칠백(千七百) 공안(公案) 가운데 우두머리가 된다.

秦秦國 曳州地方 林里二兒 出家林寺 爲僧一名從諗 一名達正 二人入太陽山 兩峯一溪之間 結草爲庵 同心發願 修道成佛 衆生敎化 從諗其時悟道 故曳州改名趙州 遠正未成佛 而死宗諗和尙 其國東住觀音院七百甲子待時後 達正其國爲王出家名文彦 一日抱狗子問曰 和尙有佛性也無 和尙云無 此無字 一千七百公案首也

| 주 |

1) 옛날 서역(西域)에서 중국을 부를 때 진(秦)이라 했다. 진진은 진을 강조 형용하여 크고 아름답다고 높여서 지칭했다.
2) 조주선사의 도반이나 행적은 정확하지 않다.
3) 예주(曳州)지방에 있던 산 이름인 듯 하다. 최고의 산이라는 뜻도 있다.
4) 후위(後魏)의 조군(趙郡)으로 수(隨)나라 때에는 난주(鸞州)라 하다가 당나라 때 다시 조주(趙州)라 고쳤다.
5) 일갑자(一甲子)는 60년으로 칠백갑자(七百甲子)는 4만 2천 년이다.
6) 『오등회원』 4권에 나오는 구자불성(拘子佛性)의 공안.

이 삼매는

먼저 날마다 사용하는 무명(無明)[1]의 분별하는 마음이 모든 부처님과 체성(體性)이 한 가지라는 걸 깨달은 연후(然後)에 허명(虛明) 가운데서 입으로는 부처님 명호를 부르고 마음은 염불한다는 생각조차 없어진다면 그 마음이 어찌 부처가 아니겠으며 부처가 어찌 그 마음이 아니겠는가!

이 삼매는 수풀 아래 물이 흐르고 달을 보며 계곡 물소리를 듣는 소요(逍遙)[2]하고 유유자적하여 일상생활의 느낌들이 알맞고 쾌적할 뿐 좋고 나쁜 기준이 없다.

先悟日用無明分別之心 與諸佛 同一體性然後 虛明之中 口稱佛號 心無所之 心何不佛 佛何不心 須是三昧 林下水過 看月聽溪 逍遙放曠 應機有感適然無準矣

| 주 |

1) 도리를 알지 못하는 것으로 어리석음의 다른 이름이다.
2) 일없는 무심도인의 탕탕무애(湯湯無碍)한 생활.

목우자(牧牛子)[1]의 염불법(念佛法)

일월(日月)[2]의 긴 밤은 광색(光色)[3]이 없는데 어떻게 달팽이 뿔[4]로 재휘(才輝)[5]를 구하리요!

옥비단 금은은 보배가 아니며 집안의 여러 처자 역시 친척이 아니다. 오직 서방(西方)에 아미타불이 계시니 바로 영가(靈駕)[6]를 바른 길로 인도하시는 분이다.

日月長夜無光色 如何蝸角求才輝 玉帛金銀是非寶 滿堂妻子亦非親 唯有西方彌陀佛 正是靈駕引路人

| 주 |

1) 소는 번뇌로 물든 마음으로 소치는 자란 참선하는 사람을 통틀어 지칭하는 말이다. 목우자(牧牛子)는 고려 불일보조국사(佛日普照國師)의 별호(別號)이기도 하다.
2) 해와 달이 뜨는 세상은 우리가 살고 있는 감인세계(堪忍世界)로 사바세계를 말한다.
3) 지혜의 불빛.
4) 『장자(莊子)』에 '와우각상쟁하사(蝸牛角上爭何事)' 란 구절이 있다. 여기서의 달팽이 빛이란 번뇌로 뒤덮여 있는 관견(管見)을 말한다.
5) 빛나는 재주, 즉 부처를 뜻한다.
6) 영혼으로 육체를 떠나서도 존재하며 인간 활동의 원동력으로 생각되는 정신적 실체.

식심(識心)의 부처

면문(面門)[1]으로 출입하여 물건을 만나면 정념(情念)을 따라 자재하고 걸림이 없는 지은 바 다 성공하는 근본 식심(識心)[2]을 요달하면 식심의 부처를 보리라.

체성(體性)[3]이 비록 비었으나 능히 법칙[4]을 베풀어 무형(無形)을 관찰하며 유성(有聲)으로 부르는 등 대법장(大法藏)[5]이 되어 마음을 경계하는 경(經)을 전달하리라.

面門出入 應物隨情 自在無碍 所作皆成 了本識心 識心見佛 體性雖空 能施法則 觀之無形 呼之有聲 爲大法藏 心戒傳經

| 주 |

1) 입, 얼굴, 코밑과 입 사이, 이 세 가지로 풀이한다.
2) 육식(六識), 또는 팔식(八識)의 심왕(心王).
3) 본체와 본성.
4) 여러 가지 방편.
5) 많이 쌓인 공덕.

선(禪)과 교(敎)는 다 방편이다

선과 교는 다 방편이라고 말할 수 있으니 부처님께서 아름다운 노래 한 곡을 전하기 위해서 세 곳에서 마음을 전하셨으며 세 가지 근기[1]들을 위하여 한 평생을 말씀하신 것이다. 여기에 조사가 나타나서는 부처[2]다, 법이다 하는 소견을 꺾어버린 것은 교의(敎意)에 도전하여 불교를 헐뜯으려고 한 것은 아니다. 그러므로 운문[3]이 "개를 삼킨 것은 부처님의 큰 은혜를 갚은 것이다" 고 하는 것이다.

禪敎皆是似言方便 爲別傳一曲 三處傳心 爲三種根機 一代所說 於是祖師出來 摧佛見法見者 實是挑出敎意 非毁敎故云 雲門喫拘子 報佛大恩也.

| 주 |

1) 근기는 교법을 듣고 닦아 증득하는 노력으로, 곧 세 가지 상중하의 근기로 성문, 연각, 보살 등을 뜻한다.
2) 불법에 대한 학자들의 편벽된 견해를 말한다.
3) 석가모니 부처님께서 태어나신 후 천상천하 유아독존이라 외치신 말씀에 대해 운문선사가 "내가 만약 그때에 있었더라면 몽둥이로 때려 잡아(죽여) 개밥으로 사용했을 것이다." 이 말에 대해 선가(禪家)에서는 '운문이 부처님의 큰 은혜를 갚았다' 고 하였다.

제3부

僧 | 봄 여름 가을 겨울 |

오분향(五焚香)[1]

계향(戒香)[2]은 자기 마음의 청정향(淸淨香)[3]. 자기 마음이 깨끗해지면 다른 마음도 깨끗해지며 다른 마음이 깨끗해지면 시방법계도 다 깨끗해진다.

정향(正香)[4]은 자기 마음의 적정향(寂靜香)[5]. 자기 마음이 깨끗해지면 다른 마음도 깨끗해지며 다른 마음이 깨끗해지면 시방법계도 다 깨끗해진다.

계향(慧香)[6]은 자기 마음의 광명향(光明香)[7]. 자기 마음이 깨끗해지면 다른 마음도 깨끗해지며 다른 마음이 깨끗해지면 시방법계도 다 깨끗해진다.

해탈향(解脫香)[8]은 자기 마음의 원명향(圓明香)[9]. 자기 마음이 깨끗해지면 다른 마음도 깨끗해지며 다른 마음이 깨끗해지면 시방법계도 다 깨끗해진다.

해탈지견향(解脫知見香)[10]은 자기 마음의 통조향(洞照香)[11]. 자기 마음이 깨끗해지면 다른 마음도 깨끗해지며 다른 마음이 깨끗해지면 시방법계도 다 깨끗해진다.

戒香自心清淨香 自心清淨他心清淨 他心清淨十方世界皆 清淨也 以下四香皆如此亦然矣 正香自心寂靜香 慧香自心光明香 解脫香自心圓明香 解脫知見香自心洞照香

| 주 |

1) 오분법신(五分法身)을 향에 비유하였다. 향은 지혜를 불살라 태우는 무가(無價)의 진향(眞香). 이것이야말로 신실로 불신을 장엄하고 여래를 공양하는 것이다.
2) 마음 가운데 과실과 죄악과 질투의 심리와 간탐진분(慳貪瞋忿)의 생각이 없고 겁략살해(劫掠殺害)의 의도가 없는 것을 말한다.
3) 계는 마음을 깨끗하게 해준다.
4) 모든 선악의 모양을 볼 때 마음이 흔들리지 않는 것을 말한다.
5) 정에 들면 마음이 안온해 진다.
6) 마음에 장애가 없어 자기의 진여자성(眞如自性)을 지혜로 관조하여 모든 죄악을 짓지 않고 여러 가지 착한 일을 닦으면서도 선행에 집착하지 않는 것을 말한다.
7) 지혜로 말미암아 광명을 얻게 된다.
8) 마음이 바깥 경계에 반연(伴緣)됨이 없어 선도 악도 생각하지 않아 편안히 자재할 뿐 장애가 없는 것을 말한다.
9) 해탈하면 자연히 원명해 진다.
10) 마음이 선악을 반연함이 없고 공적에 떨어짐이 없이 널리 배우고 익혀 본심을 알아 제불의 도법을 통달하면서 초발심으로부터 보리가 원만해 질 때까지 진여자성이 조금도 변하지 않는 것을 말한다.
11) 해탈지견향이 원만해 지면 통찰관조의 대지혜가 자연히 생긴다.

결수법(結手法)[1]

상단(上壇)[2]

검지손가락은 구부리고 엄지, 중지 새끼(소지)손가락은 펴고 약지 손가락은 휘호(揮毫)하게 된다.

공양구(供養具) 위의 밖에다 휘호하는데 변식진언(變食眞言)[3]을 하기 전에 먼저 만([illegible])[4] 만자(滿字)를 쓰면서 운관(運觀)[5]하면 모든 그릇에 항하사 법계(恒河沙法界)[6]가 충만(充滿)하게 된다.

이어서 옴([illegible])[7] 옴(唵)자를 쓰고는 손가락을 일곱 번 하계(下界)[8]에 튕기면 여러 가지 향 · 꽃 · 등(燈) · 초 · 차 · 과일 등 누각(樓閣)을 장엄하던 공물(供物)이 모두다 미묘한 공운(供雲)[9]으로 변해서 시방(十方) 항하사 법계에 충만하게 된다.

감로수진언(甘露水眞言)[10]을 외울 때 향수(香水)를 갖다가 향연기에 쬐면서 밤([illegible])[11] 밤(鋄)자를 쓰면 향수(香水)가 변하여 각해(覺海)[12]를 이룬다.

수륜관진언(水輪觀眞言)[13]을 외울 때 중지에 향수(香水)를 찍어 중지손가락을 공중에 튕기면 온 세계에 가득히 향수가 흐르게 된다.

유해진언(乳海眞言)[14]을 외울 때 이렇게 하면 온 세계가 법유(法乳)[15]바다로 변하게 된다.

중단(中壇)[16]

공양구(供養具)의 밖에다 휘호(揮毫)하는데 진언(眞言)을 쓰는 것과 결수(結手)의 실례들이 상단과 같으며 효과 또한 상단과 같다.

하단(下壇)[17]

변식진언(變食眞言)[18]을 외울 때 왼손은 가슴에 앙장(仰掌)하고 오른손은 앞을 향해 흔들리지 않게 하여 중지와 검지 손가락을 서로 비틀어 꼬아 공양구의 안에다 진언을 휘호한다.

오여래(五如來)[19]를 외울 때 수행자[20]는 밥과 정수(淨水) 두 그릇을 들고 법당 밖으로 나간다.

시식게(施食偈)[21]를 외울 때 먼저 밥을 들고는 동쪽을 바라보고 봉헌(奉獻)하고는 손으로 밥을 집어 내려놓은 뒤에 손가락을 튕겨 세 번 소리를 낸다. 그리고 정수기(淨水器)를 두 손으로 받들어 봉헌해 마치고 정수를 밥 위에 뿌리고 또 손가락을 튕겨 세 번 소리를 낸 뒤에 가지신주(加持神呪)[22]를 외운다.

헌식(獻食)[23]하러 봉송할 때는 제일 먼저 불빛이 앞장서고 다음에 등촉(燈燭)이 따라가고 꽃병, 정식기(淨食器), 찰중(察衆)[24]이 정수기를 들고 따라가고, 다음에 대중이, 맨 뒤에 수좌(首座)[25]가 따라가야 한다.

다시 돌아 법당에 들어올 때는 먼저 불빛이 앞장서고 다음에 등촉(燈燭)이, 다음에 수좌(首座)가, 다음에 찰중(察衆)이, 다음이 시자(侍者)[26]와 대중들이 따라 들어가야 한다.

삼단(三壇)에 배송(拜送)할 때에는 위의(威儀)를 갖추고 먼저 하단(下壇)에 다음엔 중단(中壇)에 상단(上壇)에 차례로 배송해 가야 한다.

以大指捻 頭指中指小指舒 無名指施揮 供具上外揮 變食先寫 滿字 運觀則諸器充滿沙界 連寫 唵字唵 彈指七下界 種種香花燈燭茶菓 莊嚴樓閣一切妙供雲 變滿十方恒河沙界 甘露水眞言時 取香水 熏香烟時寫此唵 鋄字 變成覺海 水輪觀時 中指取香水 彈指空中 則充滿世界 乳海時皆成法乳也 外揮寫眞言 與結手例同上壇 亦如然 變食時以左手 仰掌當胸 右手向前堅 中指與大指相捻內揮也 五如來時 主行者 將食及淨水二器 出門外 施食偈時 先以獻望東奉獻 以手盛食放下然後彈指三聲後 捧淨水器獻訖 將淋飯上 又彈指三聲 然後 誦加持神呪 獻食送時 先以擧火 次燈燭 次花甁 次淨水器 次察衆淨水器 次衆首後行可也 還入時 先炬火 次燈燭 次首座 次察衆次侍者爲可 三壇拜送時 備威儀 先以下壇 次以中壇次上壇 次第送爲行爲可也

| 주 |

1) 밀교에서 열 손가락을 구부리거나 펴서 법덕(法德)의 표시인 비인(秘印)을 맺는 것. 결수법(結手法)을 행하면 공덕이 무량해 진다.
2) 불상을 봉안한 불단. 중국에서는 수륙청명법회 등의 큰 불교 의식 행사 때 중진 정도의 스님들이 직접 문수, 보현, 관음, 지장보살 신 등을 지어 보살 화관 등으로 장식하고 단에 올라 몇 시간 정에 들면 불자들이 초를 켜고 향을 꽂고 꽃을 올리는 등 예배 공양을 드리는 의식이 있다.
3) 『나막 살바다타 아다 바로기제 옴 삼바라 삼바라 훔』. 모든 진언은 세 번 외운다.
4) 만자는 대승을 뜻한다.
5) 진언(眞言)을 쓰면서 진언에 따라 관상하는 것.
6) 항하사(恒河沙, Gangānadvāluka)는 항사(恒沙)라고도 한다. 항하사수((恒河沙數)를 항하진수(恒河塵數)라고도 하는데 항하의 모래알처럼 많은 수량이란 뜻이다. 항하사 법계는 항하의 모래알처럼 많은 법계로 헤아릴 수 없이 많은 법계를 말한다.
7) 옴은 극문의 처음에 놓는 비밀한 말. 옴자는 모든 소리의 근본, 본질, 귀결이므로 모든 만법은 이 한 글자에 귀속한다고 한다.
8) 상계(上界)를 천상이라 하고 하계(下界)를 지옥이라 한다.
9) 구름과 같은 공양물.
10) 『나무 소로바야 다타아다야 다냐타 옴 소로소로 바라소로 바라소로 사바하』. 이 진언을 외울 때 잔에 담긴 물이 감로수(甘露水)로 변해 바다와 같이 광대하고 사물에 걸림이 없어 길이 청정묘락을 얻길 관상한다.
11) 밤자는 지혜의 표시로 금강계(金剛界) 대일여래(大日如來)의 글자이다.
12) 각성은 깊고 맑은 바다에 비유한다.
13) 『옴 밤밤밤밤』. 이 진언을 외울 때 이미 감로수로 변한 법수가 온 세계에 흘러 청량묘미(淸凉妙味)를 얻길 관상한다.

14) 『나무 사만다 못다남 옴 밤』. 이 진언을 외울 때 헤아리기 어려운 미묘함으로 더욱 광대한 융통을 얻길 관상한다.

15) 젖과 같은 묘법.

16) 부처님을 가호하는 신중(神衆)이 있는 곳.

17) 영가(靈駕)를 안치해 놓은 곳.

18) 이 진언을 외울 때 여러 음식이 하나가 일곱으로 변하고 일곱이 다시 일곱으로 화하여 무량한 음식이 허공에 충만하여 모든 사물에 걸림이 없이 법미(法味)를 맡아 신상(身相)이 원만해지길 관상한다.

19) 다보여래(多寶如來) · 묘색신여래(妙色身如來) · 광박신여래(廣博身如來) · 이포외여래(離怖畏如來) · 감로수여래(甘露水如來)을 말한다. 이 성호(聖號)를 외울 때 여래를 외우는 소리가 시방법계에 널리 퍼져 육도중생이 지심으로 들어 이근(耳根)을 스치게 되면 영원한 불종(佛種)이 되어 악도를 여의고 극락에 태어나길 관상한다.

중생이 다보여래의 명호를 들으면 법성지혜재보(法性智慧財寶)를 얻어 수용함이 무궁하다. 중생이 묘색신여래의 명호를 들으면 삼계에서 가장 상호가 안엄(安嚴)한 미묘정법신(微妙淨法身)을 얻어 32상을 갖추게 된다. 중생이 광박신여래의 명호를 들으면 엄화(業火)가 녹아 바늘구멍만한 목구멍이 터져 시원하고 걸림이 없는 몸을 얻게 된다. 중생이 이포외여래의 명호를 들으면 모든 두려움이 떠난 항상 청정한 쾌락을 얻게 된다. 중생이 감로왕여래의 명호를 들으면 감로법미로 모든 신심을 씻어 영원한 쾌락을 얻게 딘다.

20) 의식을 관장하고 있는 스님으로 법주(法主)를 말함. 또는 의식을 도맡아 보조해 주는 스님.

21) 여기서는 헌식할 때 외우는 게송을 말한다. "너희 귀신들에게 내 이제 공양을 베푸노니 이 음식이 시방에 두루하여 모든 귀신들이 들길 바란다(汝等鬼神衆 我今施汝供 此食遍十方 一切鬼神供)". 또는 "원컨대 이 가지식이 널리 시방에 두루 가득차서 음식을 드는 자들은 기갈이 없어지고 안양국에 태어나길 바란다(願此加持食 普遍滿十方 食者除飢渴 得生安養國)".

22) 신험(神驗)을 나타내기 위하여 외우는 주문으로 여기서는 시귀식진언

(施鬼食眞言), 시무차법식진언(施無遮法食眞言), 보공양진언(普供養眞言) 등등.

가지(加持)는 가피섭지(加被攝持)의 뜻으로 신주를 널리 항하사 유정불자(有情佛子) 고혼(孤魂)들에게 베푸는 것을 말한다.

23) 법요의식(法要儀式)을 베풀 때 공양물의 일부를 아귀에게 주는 일.

24) 대중의 행동을 보살피는 직책의 스님.

25) 선종의 선당(禪堂)에서 한 대중의 우두머리가 되는 스님.

26) 장로를 모시면서 시중드는 소임.

십바라밀(十波羅密)[1]

십바라밀은 보시(布施)·지계(持戒)·인욕(忍辱)·정진(精進)·선정(禪定)·혜(慧)·방편(方便)·원(願)·력(力)·지(智)이다.

논(論)[2]에 말하기를 "오른손 새끼손가락은 보시[3]며 약지손가락은 지계[4]며 중지손가락은 인욕[5]이며 검지손가락은 정진[6]이며 엄지손가락은 선정[7]이다.

왼손 새끼손가락은 혜[8]이며 약지손가락은 방편[9]이며 중지손가락은 원이며 검지손가락은 력[10]이며 엄지손가락은 지[11]이다" 라고 한다.

施戒忍進禪 慧方願力智 論曰右手小指布施 無名指持戒 中指忍辱 大指精進 頭指禪定 左手小指慧 無名指方便 中指願 大指力 頭指智

| 주 |

1) 보살은 이 십바라밀을 수행하여 중생을 제도하며 생사의 미해(迷海)를 벗어나 열반의 언덕에 이르게 함. 보시 · 지계 · 인욕 · 정진 · 선정 · 지혜의 6바라밀에 방편 · 원 · 력 · 지(智) 바라밀을 더하여 십바라밀이라 한다. 대부분 오른손을 많이 사용하므로 오른손 새끼손가락에서 보시로 시작하여 엄지에서 선정, 다음에 왼손 새끼손가락에서 혜로 시작하여 엄지에서 지(智)로 끝나게 십바라밀을 배치한 것이다

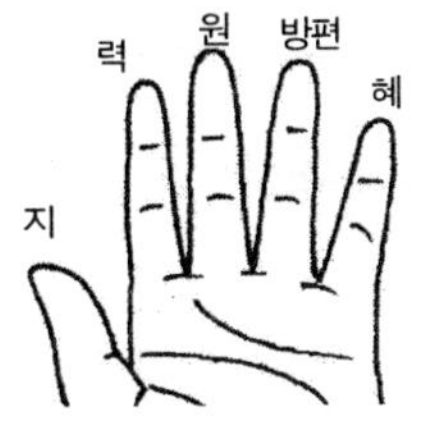

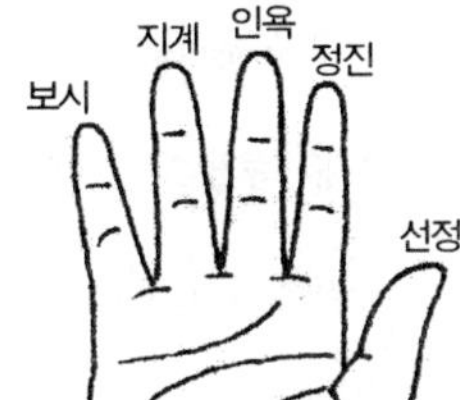

2) 유식론을 말한다.
3) 보시(布施)는 자비심으로 다른 사람에게 조건없이 베푸는 것.
4) 지계(持戒)는 부처님이 제정한 계율을 지켜 범하지 않는 것.
5) 인욕(忍辱)은 온갖 모욕과 번뇌를 참고 원한을 일으키지 않는 것.
6) 정진(精進)은 몸과 마음을 깨우쳐 용맹하게 수행하는 것.
7) 선정(禪定)은 마음을 한 곳에 모아 고요한 경지에 이르는 것.
8) 혜(慧)는 법의 실다운 이치에 계합한 최상의 지혜.
9) 방편(方便)은 일체 중생의 기류근성(機類根性)에 계합하는 방법을 편리하게 쓰는 것.
10) 력(力)은 성과를 얻기 위해 힘을 쓰는 것.
11) 지(智)는 모든 사상(事象)과 도리에 대하여 그 시비 사정을 분별 판단하는 마음의 작용.

육폐(六幣)[1]원적(寃賊)[2]

자생단(資生壇)[3] 보시(布施)는 간탐원적(慳貪寃賊)[4]을 격파한다.

무외단(無畏壇)[5] 지계(持戒)는 훼금원적(毁禁寃賊)[6]을 격파한다. 인욕(忍辱)은 진에원적(嗔恚寃賊)[7]을 격파한다.

법시단(法施壇)[8] 정진(精進)은 해태원적(懈怠寃賊)[9]을 격파한다. 선정(禪定)은 동란원적(動亂寃賊)[10]을 격파한다. 지혜(智慧)는 우치원적(愚癡寃賊)[11]을 격파한다.

논(論)에 이르기를 이것이 삼단(三檀)[12]이다. 이런 까닭에 단나(檀那)[13]는 만행(萬行)[14]을 포함하였다. (오른손은 보현보살普賢菩薩[15]이다.) 혜(慧)는 삼공(三空)[16]은 투철하였다. (왼손은 문수보살文殊菩薩[17]이다.) 보시(布施)의 마음과 간탐(慳貪)의 마음을 함께 갖고 있지만 간탐의 마음을 방어[18]하자면 방편(方便)의 군사를 지휘하여야만 원적을 흩어버릴 수가 있다.

布施破 慳貪寃賊 此資生壇 持戒破毁禁寃賊 忍辱破嗔恚寃賊 次二無畏壇 精進破懈怠寃賊 禪定破動亂寃賊 智慧破愚癡寃賊 次三法施壇 論曰此是三檀也 是故 壇含萬行 普賢 慧徹三空 文殊 雖含布施之心慳貪之心 防之則 方便軍揮而散之也

| 주 |

1) 정심(淨心)을 가리우는 간탐 · 파계 · 진에 · 해태 · 산란 · 우치의 여섯 가지. 간탐은 보시를, 파계는 계행을, 진에는 인욕을, 해태는 정진을, 산란은 선정을, 우치는 지혜를 가리운다.
2) 인명을 해치고 재물을 겁탈하는 도적을 육폐에 비유했다.
3) 삼단(三壇)의 재단(財壇)으로 삼단은 삼시(三施)의 다른 이름이다. 의식주의 도구로 생명이 있는 것을 자조(資助)하는 것이다.
4) 인색하여 남에게 주지 않으며 탐내어 구하면서 만족을 모르는 마음.
5) 무외시로 죽음에 대한 두려움을 없애 주는 것.
6) 파계라고도 하며 조심하거나 지키지 못하고 깨트리고 위반하는 것.
7) 대경(對境)에 참지 못하고 화를 내는 마음.
8) 교법을 말해 주어 깨닫게 하는 것.
9) 좋은 일을 당하여도 게을러서 용감하지 못하는 것.
10) 산란하여 마음이 경계에 끄달려 고정되지 못하고 움직이는 것.
11) 사상(事象)에 의혹되어 진리를 분별치 못하는 어리석음.
12) 삼시(三施)의 다른 이름.
13) 삼단의 오른손을 지칭함.
14) 수행에 있어서의 모든 행위. 보살 수행을 만행이라 한다.
15) 여래의 오른쪽에서 여래의 중생제도를 돕고 힘쓰므로 보시행에 비유된다.
16) 번뇌에서 벗어나 증오(證悟)의 경지에 이르는 방법. 지공(指空), 무상(無相), 무원(無願)의 삼해탈(三解脫). 이 세 가지는 공의 도리를 천명했기 때문에 삼공(三空)이라 한다.
17) 문수는 보현과 더불어 석가모니불의 보처로서 왼쪽에서 지혜를 맡고 있다. 오른손에는 지혜의 칼, 왼손에는 지혜를 상징하는 청련화(青漣華)를 쥐고 있다. 사자를 타고 있는 것은 위엄과 용맹을 나타낸 것이다. 여

래의 왼쪽에서 교화를 도우므로 지혜행에 비유된다. 보현의 보시행과 문수의 지혜행은 결국 부처님의 보시, 지혜 즉 대자대비로 완성된다.
18) 방편을 전선(戰線)에서 싸우는 군부대를 돕는 지원군에 비유했다.

군사(軍士)[1]를 배가(倍加)하여 묶은 삼단(三壇)

방편은 보시, 지계, 인욕을 돕고 원은 정진을 돕고 력은 선정을 돕고 지는 반야를 돕는다.

보시에 반야(般若)가 없으면 인천(人天)의 유루복(有漏福)[2]을 얻지만 뒤에 삼계(三界)의 빚을 감수해야 한다. 지계에 반야가 없으면 단정(端正)한 몸을 얻기는 하나 적멸(寂滅)의 과(果)는 증득(證得)하지 못한다. 정진에 반야가 없으면 색계(色界)의 몸은 받지만 진상(眞常)의 바다는 뛰어넘지 못한다. 선정에 반야가 없으면 생멸(生滅)의 공부는 얻지만 금강(金剛)의 정(定)엔 들어가지 못한다.

便助前三 願助精進 力助禪定 智助般若 布施無般若 但得人天有漏之福 後感三界之債 持戒無般若 報得端正之身 不證寂滅之果 精進無般若 但得色界之身 不超眞常之海 禪定無般若 徒得生滅之功 不入金剛之定

| 주 |

1) 육바라밀 삼단(三壇)의 부족함을 완전하게 도와주는 삼단을 지원분대(支援分隊)에 비유하여 가군속(加軍束)이라 한다. 방편은 자생단과 무외단을 돕고 원과 력과 지는 법시단을 돕는다.
2) 번뇌로 지은 복이다. 이 복으로 인천에 태어나 즐거움을 받지만 복이 다하면 지옥 등으로 타락하여 고통을 받아야 하는 양면성의 복이다.

삼단(三壇)에 도달하여

삼단(三壇) 앞에 도달하여 결수(結手)의 예를 드릴 때는 먼저 무외단(無畏壇)[1]을 드리고 다음에 자생단(資生壇)을 드리고 마지막에 법시단(法施壇)을 드리면 된다.

中壇結手則 先無畏壇 後法施壇也

| 주 |

1) 두려움에 떠는 무외의 베품이 가장 급하기 때문에 불쌍하고 외롭고 어려운 사람을 먼저 도와야 하므로 무외단을 먼저 드리게 된다.

반야선(般若船)[1)]

먼저 주먹을 쥐고 엄지는 뻗어 으뜸이란 표시를 한다. 검지는 엄지 밑에 살짝 붙인다. 그리고 중지는 세운다. 이 상태에서 새끼손가락은 무명지를 붙잡듯이 기댄다.

엄지는 뱃전이 되고 검지는 잠시 쉬는 곳이 되며 중지는 돛대가 되고 무명지는 삿대가 되며 새끼손가락은 사공(沙工)이 된다. 새끼손가락이 무명지를 붙잡고 움직여 삿대를 저으면 반야선은 앞으로 나간다.

엄지, 검지, 중지, 무명지 등은 일심(一心)[2)]을 보조하는 것들이다. 이 반야용선(般若龍船)을 만들어 타고 원각(圓覺)[3)]의 바다를 나아가면 앉아서도 적멸(寂滅)[4)]을 본각(本覺)[5)]할 수가 있다

| 주 |

1) 지혜의 배. 반야의 지혜로 생사의 바다를 건너는 것을 배에 비유했다. 『천수경(千手經)』에 "원컨대 반야선에 빨리 올라이다" 하였다. 제사 지낼 때 종이로 접은 세칭 종이배(반야선)를 49개 이상 108개, 1000개, 3000개 등을 만들어서 태우고 또 손으로는 반야용선의 결인을 지으면 영가의 복업을 증장시켜 영가가 더 좋은 곳으로 가게 된다고 한다.
2) 만유의 실체인 진여를 말하는 것. 『마하지관』에 "일심(一心)이 십계(十界)를 갖추었다", "유일한 신심으로 타심(他心)이 뺏을 수 없는 것을 일심이라 한다" 하였고, "일심은 이 법을 닦을 때 일심전지(一心專志)하여 다시 다른 인연이 없다" 하였고, 『탐현기』에 "마음이 생각과 다름이 없기 때문이다." 『교행오등(教行悟燈)』에 "일념이란 심신이 이심(二心)이 없으므로 일념이라 하고 이것을 일심이라 한다. 일심은 청정보토(淸淨報土)의 참된 인연이다"하였다. 또한 "일심에는 사와 일의 두 가지 종류가 있다. 여념이 없는 것이 사(事)의 일심이 되고 실상에 들어가는 것이 이(理)의 일심이 된다." 『관음의소(觀音義疏)』에 "일심으로 반빙(飯憑)하면 다시는 두 가지 뜻이 없다. 그러므로 사일심(事一心)이라 하고 이일심(理一心)은 이 마음을 달(達)해서 자기와 타인이 모두 없어져서 그 인을 얻을 수 없는 것이다" 하였다.
3) 부처님의 원만한 깨달음을 일러 원각이라고 한다. 일체의 유위법이 모두 본래부터 깨달음이 있고 진심이 있어서 시작이 없는 까마득한 옛부터 지금까지 언제나 청정하여 소소히 비치고 요요(了了)히 밝게 알아 체(體)에 맞으면 원각이라 하고 인(因)에 맞으면 여래장이라 하고 과(果)에 맞으면 원각이라 한다. 원각은 원만한 영각(靈覺)를 말한다. 『원각경(圓覺經)』에 "선남자야, 무상법왕(無上法王)에게 대다라니문이 있어 이름하여 원각이라 하는데 일체의 청정, 진여, 보리, 열반 그리고 바라밀을 충만하여 보살을 구제한다. … 선남자여, 원각의 청정한 본성이 몸과 마음

이 나타나서 기류에 따라서 각각 응한다"라고 하였다.

규봉(圭峯)의 『원각경약소(圓覺經略疏)』서(序)에 "제법이 모두 허위인데 연에 모여 생한 것이다. 생법(生法)도 본래 무라 일체가 유식인 것이다. 식은 환몽(幻夢)과 같은 것. 다만 이 한 마음뿐인 것을 지목하여 원각이라고 한다" 하였다. 부처님이 이 원각을 증명하기 위하여 『대방광원각수다라요의경(大方廣圓覺修陀羅了義經)』을 설한 것이다.

4) 열반(涅槃, Nirvāna)이라고도 한다. 그 체가 적정하여 일체의 상을 여의었기 때문에 적멸이라고 한다. 『법화경(法華經)』「서품(序品)」에 "어떤 보살이 적멸법을 보았다" 하였고, 『유마경(維摩經)』「불국품(佛國品)」에 "일체 법이 모두 적멸한 줄 안다" 하였으며 "상(相)을 버렸기 때문에 적멸이라 한다" 하였고, 「제자품(弟子品)」에 "법이 본래 그렇지 않은데 지금은 멸이 없다. 이것이 적멸의 뜻이다" 하였고, 『무량수경(無量壽經)』에 "세간을 초출(超出)하고 적멸을 깊이 즐긴다" 하였으며, 『지도론(智度論)』에 "삼독과 모든 희론을 멸했기 때문에 적멸이라 한다" 하였다.

5) 중생의 심체(心體). 자성은 청정하여 일체의 망상이 소소영영(昭昭靈靈)하여 각지(覺知)의 덕을 소존(所存)한다. 이는 수성(修成)해서 그런 것도 아니며 본유(本有)한 자이(自爾)의 성덕(性德)이므로 본각이라고 하며, 곧 여래의 법신을 말한다. 그러나 이 본심체(本心體)는 무시이래로 무명번뇌에 가리워져서 은장된 채로 오늘에 와 일단 수치(修治)의 공에 의하여 비로소 그 성덕을 나타내므로 시각(始覺)이라 한다. 그러나 각하여 보면 시각이 별 것이 아니고 원래 본각(本覺)의 체이므로 시각과 본각은 모두 일체이다. 『인왕경(仁王經)』에 "자성이 청정한 것을 본각성이라 하고 곧 이것이 제불이며 일체의 지지(智智)이다" 하였다.

삼단(三壇)을 나열하여 해석한다

상중단(上中壇) 상단(上壇)과 중단(中壇)은 증명(證明)[1]하면 된다. 하단(下壇) 거불(擧佛)[2]에서 오여래(五如來) 해원결진언(解寃結眞言)[3] 앞에까지는 무외단(無畏壇)이다. 부처님의 위신력(威神力)을 이어받아 모든 두려움을 여의고 영원히 고취(苦趣)[4]를 떠나 수륙법회(水陸法會)[5] 가운데로 들게 하기 위하여 먼저 무외단을 편다.

주식현공편(呪食現功篇)[6]에서 공양진언(供養眞言)[7] 앞에까지는 자생단(資生壇)이다. 부처님의 위신력을 이어 받아 법회식(法喜食)[8]을 얻게 된다.

참제업장편(懺除業障篇)[9]에서 회향게찬(回向偈讚)[10]까지는 법시단(法施壇)이다. 묘력(妙力)을 의뢰(依賴)하고 이어 받아 법을 들으니 기쁘게 고(苦)를 여의고 줄거움을 받게 되리라.

上中壇證明也 下壇 擧佛 至五如來 解寃結前 無畏壇也(承佛神力 離諸怖畏 永離苦趣 入水陸會中 故先無畏壇也) 呪食現劫篇 至供養眞言前 資生壇(承佛神力 得法喜食也) 懺除業障篇 至回向偈讚 法施壇(仰承妙力聞法歡喜離苦得樂也)

| 주 |

1) 본래의 서원에 위배되거나 걸맞지 않았다는 걸 증언하는 것이다. 의식을 집행할 때 증명법사(證明法師)는 의식이 여법하다는 걸 증언하여 밝히게 된다.
2) 의식을 시작할 때 부처의 명호를 들어 모시는 것으로 대개 삼존불이다.
3) 그동안 여러 경로로 맺은 원결을 풀어버리는 진언. 『옴 삼다라 가닥 사바하』
4) 괴로운 국토로 지옥을 말한다.
5) 물이나 육지에 있는 고혼과 아귀에게 법식(法食)을 공양하는 법회.
6) 재의중(齋儀中)에 의식 일편(儀式一篇)으로 변식진언, 감로수진언, 수륜관진언, 유해진언 등을 외워 음식을 화(化)해 무량무변한 중생에게 공양하는 의식을 말한다.
7) 『옴 아아나 삼바바 바아라 훔』. 이 진언을 세 번 외우면 모든 음식이 정식(淨食)으로 변해 시방육도 중생에게 널리 베풀어진다. 『유마경』에 "법시(法施)하는 자는 전후가 없이 일시에 모든 중생에게 공양해야 한다"고 하였다.
8) 불법에 의하여 심신을 도우는 것을 말한다.
9) 참회진언을 외워 업장을 제거하는 의식을 말한다.
10) 법회 공덕을 중생에게 회향하고 다함께 성불할 것을 다짐하는 마지막 부분의 의식. 하단의 무외단, 자생단, 법시단을 나눌 때 어려움을 느낄 때는 처음, 중간, 끝부분으로 나눠 결인을 시행하여도 무방하다.

난과 마음

난(蘭)[1]과 마음이 반려(伴侶)가 되면 무심(無心)하여 생각[2]이 자연히 안정된다. 마음이 생각과 반려를 맺으면 움직인즉 생각에게 속임을 당한다.

홍도(紅桃)[3]는 다시 간밤의 비를 머금었고 녹류(綠柳)는 더욱 아침 연기를 둘렀다. 꽃은 떨어졌는데 가복(家僕)은 쓸지 않았고 새는 지저귀는데 행객(行客)은 잠자고 있다.

蘭與心爲伴 無心心自安 若將心作伴 動卽被心謾 桃紅復含宿雨 柳綠更帶朝烟 花落家僕未掃 鳥啼行客猶眠

| 주 |

1) 번뇌가 일어나지 않는 선정삼매에 비유된다.
2) 번뇌망상.
3) 한 생각이 쉰 평화스러운 무애의 세계로 노래했다.

불교 관용어

거사(居士)[1]는 산림 등에 은거하는 것을 거(居)라 하고 마음을 밝혀 도를 통달한 이를 사(士)라 한다.

사당(捨堂)[2]은 사사로운 것을 버리고 예를 드리는 것을 사(捨)라 하고 청정하고 움직이지 않는 것을 당(堂)이라 한다.

중생(衆生)은 여러 모양을 다투어 내기 때문에 중생(衆生)이라 한다.

향벽(向壁)[3]은 사해(四海)에 원만하게 통하는 것을 향(向)이라 하고 한결 같이 움직이지 않는 것을 벽(壁)이라 한다.

화합(和合)은 서로 친하여 구별하지 않는 것을 화(和)라 하고서로 붙어 떨어지지 않는 것을 합(合)이라 한다.

공부(工夫)는 만행(萬行)에 무심한 것을 공(工)이라 하고 반야(般若)에 능통한 것을 부(夫)라 한다.

인연(因緣)은 거짓 물건을 인(因)이라 하고 다른 물건을 연(緣)이라 한다.

간당(看堂)[4]은 마음이 어둡지 않는 것을 간(看)이라 하고 다니며 항상 닦는 곳을 당(堂)이라 한다.

귀경(龜鏡)[5]은 밝은 스승을 친견하는 것을 귀(歸)라 하며 자기의 성품을 돈오하는 것을 경(境)이라 한다.

居士 山林隱居曰居 明心達道曰士 捨堂 事捨入禮曰捨 淸淨不動曰堂 衆生 衆相競生故曰衆生也 向壁 四海圓通曰向 如如不動曰壁 和合 和而不辨曰和 咐而不離曰合也 工夫 萬行無心曰工 般若能通曰夫 因緣 假物爲因也 循物爲緣也 看堂 心不昧曰看 行常修曰堂 龜鏡 親見明師曰歸 頓悟自性曰境

| 주 |

1) 출가하지 않고 가정에 있으면서 불문에 귀의한 남녀를 말한다. 여자 신도를 우리나라에서는 보살이라고 부르고 있다.
2) 괴롭지도 즐겁지도 않은 감각을 사(捨)라 한다. 사당은 예배당이나 조사에 참례하는 것을 말한다.
3) 벽을 향해 앉아 있는 것은 곧 참선을 말한다. 벽은 향상일로를 뜻하기도 한다.
4) 입선(入禪)하고 방선(放禪)하는 행당(行堂)을 말한다.
5) 돈오점수를 말한다.

생애

사해(四海)는 용과 고기가 거처하며 깊은 산은 새들이 잠자는 집이다. 해는 졌는데 빈 주머니의 과객(過客)[1]은 어느 곳에다 생애(生涯)[2]를 정할 것인가!

오늘 배우지 않고[3] 내일이 있다고 말하지 마라 금년에 배우지 않고 내년이 있다고 말하지 마라.

四海龍魚居 深山鳥宿家 日落空囊客 何處定生涯

| 주 |

1) 공부하지 않은 수행자를 빗댄 말이다.
2) 수행의 과보를 말한다.
3) 공부를 게을리 하지 말라는 다짐이다.

염불회유경(念佛回由經)[1]

무릇 말세중생(末世衆生)[2]은 근성(根性)이 혼미하고 우둔하여 욕망과 악습이 농후하다. 그러므로 오랫동안 욕망과 악습에 침몰하여 여러 가지 고통을 면하지 못하고 있다.

스승과 벗들의 꾸짖음을 의지하지 않는다면 고통을 벗어난 즐거움을 얻기 어렵다. 이런 까닭으로 그대들의 지난 날 잘못을 가차없이 꾸짖어서 오념(五念)[3]을 쉬게하고 오장(五障)[4]을 통달시킨 연후에 오탁(五濁)[5]을 뛰어넘어 구품연화대(九品蓮花臺)[6]에 오르게 하려고 한다.

그대들은 아무쪼록 일심원력으로 내 말을 듣길 바란다.

오정심관(五停心觀)[7]이란 첫째, 탐욕이 많은 중생이 닦는 부정관(不淨觀)과 둘째, 성냄이 많은 중생이 닦는 자비관(慈悲觀)과 셋째, 산란심이 많은 중생이 닦는 수식관(數息觀)과 넷째, 어리석음이 많은 중생이 닦는 인연관(因緣觀)과 다섯째, 업장이 많은 중생이 닦는 염불관(念佛觀)[8]을 말한다.

오정심관을 닦아 오념(五念)이 비록 그쳤다고는 하나 아직 세상의 반연을 떠나지 못하였기 때문에 오장(五障)에 걸리게 된다. 오장(五障)이란 첫째, 애욕(愛欲)이 끊임없이 상속(相續)하는 것을 번뇌장(煩惱障)[9]이라 하며 둘째, 법문을 알았다고 집착하는 것을 소지장(所知障)[10]이라 하며 셋째, 색신(色身)을 아끼고 사랑하여 여러 가지 업을 짓는 것을 보장(報障)[11]이라 하며 넷째, 아무 생각 없이 적정(寂靜)을 지키는 것을 이장(理障)[12]이라 하며 다섯째, 만법을 통찰하는 것을 사장(事障)[13]이라 한다.

통하지 못하기 때문에 정체하게 되어 오탁(五濁)이 있게 된다. 오탁(五濁)이란 첫째, 한 생각이 처음 움직일 때 공(空)과 색(色)을 분별하지 못하는 것을 겁탁(劫濁)[14]이라 하며 둘째, 견해와 관념이 어지럽게 일어나 묘감적정(妙湛寂靜)[15]한 성품을 시끄럽게 하는 것을 견탁(見濁)[16]이라 하며 셋째, 삿된 생각이 번잡하게 일어나 알음알이를 내어 번뇌를 나투는 것을 번뇌탁(煩惱濁)[17]이라 하며 넷째, 생멸이 그치지 않고 생각 생각에 옮기며 표류하는 것을 중생탁(衆生濁)[18]이라 하며 다섯째, 각기 받아들이는 식명(識命)[19]이 근원을 돌아보지 못하는 것을 명탁(命濁)[20]이라 한다.

오념(五念)을 그치지 못하면 오장(五障)이 어떻게 통할 수 있으며 오장을 통하지 못하면 오탁(五濁)을 어떻게 밝힐 수 있겠는가!

그러므로 오념을 정지하지 못한 사람은 막히고 흐린 것이 많기 때문에 반드시 열 가지 염불삼매(念佛三昧)[21]의 힘으로 점차 청정한 계율에 들어서서 계기(戒器)[22]가 맑고 깨끗해져 한 생각까지도 서로 순정해진 뒤에라야 비로소 정심을 얻어 막히고 흐린 것을 뛰어넘어 곧바로 극락세계에 도착하게 된다.

조촐히 계정혜(戒定慧)[23] 삼무루학(三無漏學)[24]을 닦아 아미타불(阿彌陀佛)과 한 가지로 증득(證得)한다면 위없는 대각(大覺)[25]인 것이다.

그러므로 이 도를 증득하려고 한다면 마땅히 십종염불(十種念佛)을 해야 한다. 어떤 것이 십종염불인가!

1. 계신염불(戒身念佛)　　2. 계구염불(戒口念佛)

3. 계의염불(戒意念佛)　　4. 동억염불(動億念佛)

5. 정억염불(靜億念佛)　　6. 어지염불(語持念佛)

7. 묵지염불(默持念佛)　　8. 관상염불(觀想念佛)

9. 무심염불(無心念佛)　　10. 진여염불(眞如念佛)

이와 같은 십종염불은 다 한 생각과 한 깨달음으로 발생한 것으로 생각을 지극하게 힘을 들여야만 이룰 수가 있다. 이러기 때문에 염(念)을 지키는 것이다.

참 성품을 보존하여 기르려면 요컨대 번뇌를 수비(守備)하는 것을 잊지 말아야 한다. 부처님은 참 마음을 성찰하고 관조하며 항상 각성하여 혼미하지 않다.

그러므로 무념(無念)의 한 생각으로 뚜렷하고 밝게 깨달아 알아,

밝고 뚜렷하고 두루할 뿐 사려가 끊어진 이것을 참 염불이라고 하는 것이다.

첫째, 계신염불(戒身念佛)이란 당연히 살생(殺生)·투도(偸盜)·사음(邪淫)을 제거하여 몸그릇이 청정해져 계감(戒鑑)[26]이 둥글고 밝아진 연후에 몸을 단정히 하고 바르게 앉아 서쪽을 향해 합장하고 일심으로 나무아미타불을 흠념(欽念)[27]하기를, 수없이 무궁무진(數無窮盡)하게 하여 염불이 끊어짐이 없고 앉아 있다는 생각조차 잊어버리고 오직 한 생각만 눈 앞에 나타날 때를 계신염불이라 한다.

둘째, 계구염불(戒口念佛)이란 당연히 망어(妄語)·기어(綺語)·양설(兩舌)·악구(惡口)를 제거하여 입을 지키고 뜻을 거두어서 몸과 입이 청정해진 연후에 일심으로 나무아미불을 경념(敬念)하기를, 수없이 무궁무진하게 하여 염불이 끊어짐이 없고 염불하는 입조차 잊어버려 입이 아니고서도 저절로 염불이 될 때를 계구염불이라 한다.

셋째, 계의염불(戒意念佛)이란 당연히 탐심(貪心)·성냄·어리석음·게으름을 제거하여 뜻을 거두고 마음이 밝아져 심감(心鑑)[28]에 사려가 없어진 연후에 일념으로 나무아미타불을 심념(深念)하기를, 수없이 무궁무진하게 하여 염불이 끊어짐이 없고 의식조차 잊어버려 주의하지 않아도 저절로 염불이 될 때를 계의염불이라 한다.

넷째, 동억염불(動億念佛)이란 당연히 십악(十惡)[29]을 제거하고 바르게 십계(十戒)를 수지하여 주선(周旋)하여 사용하는 동작을 지은 다음 좌절할지라도 일념에 나무아미타불을 상념(常念)하기를, 수없이 무궁무진하게 하여 염불이 끊어짐이 없고 동작이 지극하여 움직이지 않아도 저절로 염불이 되어질 때를 동억염불이라 한다.

다섯째, 정억염불(靜憶念佛)이란 십계(十戒)를 시켜 삼업(三業)이 깨끗해지고 일념도 어지럽지 않아 몸이 고요해져 일이 한가해 지면 그윽한 밤 독처(獨處)에서 일념으로 나무아미타불을 전념(專念)하기를, 수없이 무궁무진하게 하여 염불이 끊어짐이 없고 고요함이 지극하여 옆에서 누가 권고한다 해도 저절로 염불이 되어질 때를 정억염불이라 한다.

여섯째, 어지염불(語持念佛)이란 사람과 대화를 나누고 아이를 불러 경책하는 등 밖의 감상(感想)에 수순(隨順) 하지만 안에 있는 생각은 요동하지 않아 일심으로 나무아미타불을 정념(靜念)하기를, 수없이 무궁무진하게 하여 염불이 끊어짐이 없고 언어까지 잊어버려 언어를 사용하지 않고도 저절로 염불이 되어질 때를 어지염불이라 한다.

일곱째, 묵지염불(默持念佛)이란 입으로 외우는 염불이 이미 지극하여 '무사(無思)의 염불' 에 묵계(默契)하여 꿈 속이나 깨어 있을 때나 어둡지 않고 움직이거나 고요함에 관계없이 항상 억념(憶念)[30]하여 일념으로 나무아미타불을 묵념(默念)하기를, 수없이 무궁무진하게 하게 하여 염불이 끊어짐이 없고 묵념조차 잊어버려 생각하지 않아도 저절로 염불이 들려질 때를 묵지염불이라 한다.

여덟째, 관상염불(觀想念佛)이란 불신(佛身)이 법계(法界) 중에 충만하여 묘광금색(妙光金色)이 여러 중생 앞에 널리 나투는 것을 관하고 불광(佛光)이 내 몸과 마음을 비추는 것을 생각하여 순간 보고 듣는 것이 다른 물건이 아님을 알았으면 지의지성(至意至誠) 일념으로 나무아미타불을 극념(極念)[31]하기를, 수없이 무궁무진하게 하여 염불이 끊어짐이 없이 하루 24시간 행주좌와(行住坐臥) 생활 속에서 항상 공경하여 어둡지 않는 것을 관상염불이라 한다.

아홉째, 무심염불(無心念佛)이란 염불하는 마음이 그동안 오랫동안 화(化)하여 공부가 성공하여서 점차로 무심삼매(無心三昧)를 얻어서 무념의 염불을 들려고 하지 않아도 저절로 들려지고 무사(無思)의 지혜를 원만하려 하지 않아도 저절로 원만해지고, 받으려 하지 않아도 받아지고, 하는 것이 없어도 이뤄지는 것을 무심염불이라 한다.

열째, 진여염불(眞如念佛)이란 염불하는 마음이 이미 지극하여 끝냄이 없는 끝냄을 저절로 끝내게 되어 과거 · 현재 · 미래의 마음이 갑자기 없어져 한 성품도 움직이지 않게 되어 원각대지(圓覺大智)[32]만 밝게 홀로 드러난 것을 진여염불이라 한다.

만약 먼저 십악(十惡)과 8사(八邪)[33]를 끊지 않은 사람이 어떻게 십계(十戒)의 청정을 수순(隨順)할 것이며, 또 신기(身器)가 깨끗하여 계감(戒鑑)이 원만하고 밝지 않은 사람이 어떻게 십종염불(十種

念佛)에 계합(契合)할 수 있겠는가! 그러므로 몸 그릇이 깨끗해진 뒤에라야 법장(法藏)[34]을 저응(貯凝)[35]할 수 있으며 계(戒)의 거울이 밝고 뚜렷해진 뒤에서야 부처의 감응(感應)이 현저(顯著)할 수가 있는 것이다.

이런 까닭에 경에 이르기를 "비록 맛좋은 제호(醍醐)[36]를 얻었다 해도 보기(寶器)가 아니면 저응(貯凝)하기 어렵다"고 한 것이다.

이제 염불하는 사람이 몸그릇이 깨끗하고 계의 거울이 밝고 뚜렷하다면 어찌 진법(眞法)을 저응(貯凝)하여 맛보지 못할까 보냐!

근래 백의(白衣)[37]의 삿된 무리들이 십악(十惡)과 팔사(八邪)를 끊지 않고 오계(五戒)와 십선(十善)을 닦지 않으면서 사사로운 감정으로 곡해하여 망령되게 염불하고 있다. 이 같은 염불로 삿된 소원을 피력(披瀝)하며 서방(西方)에 태어나고자 하는 것은 마치 네모진 나무 토막을 둥근 구멍에 박을려고 하는 것이나 다름없다.

이같은 사람들은 자기 멋대로 염불하기는 하지만, 그 염불이 어떻게 부처님 뜻에 계합할 수 있겠는가! 그리므로 파계(破戒)하고 부처님을 비방하면서 진정(眞淨)[38]을 망구(妄求)하는 죄가 깊게 맺혀서 지극히 무겁기 때문에 죽어서는 지옥에 떨어지게 된다. 스스로 몸과 마음을 상해(傷害)하는 것이 누구의 허물이겠는가!

그대들이 계품(戒品)[39]을 관감(觀鑑)[40]하려면 먼저 십악(十惡)과 팔사(八邪)를 끊고 다음에 오계(五戒)와 십선(十善)을 지어 과거의 잘못을 참회하고 굳게 뒷날의 열매를 발원하여야 한다.

결사(結社)[41]에 참여해 같은 마음으로 뜻을 정해 죽기살기로 매년 삼장월(三長月)[42]을 지어 절기(節期)의 입교(入交)를 지키며 매달 육재일(六齊日)[43]을 본받으면서 오직 십종염불(十種念佛)로 업을 삼아야 한다.

그러면서 오래도록 공력(功力)을 쌓아 진여염불(眞如念佛)에 골합(汨合)하면 하루하루 시시각각 행주좌와(行住坐臥)에 아미타불(阿彌陀佛) 진체(眞體)가 눈 앞에 실현하여 마정수기(摩頂授記)[44] 하시게 되리라.

만약 수명이 다하려고 할 때에는 아미타불께서 친히 극락세계[45] 구품연화대(九品蓮花臺)로 영접하시며 반드시 상품(上品)에서 미타불과 서로 대면하면서 진보(珍寶)를 장엄한 중중누각(重重樓閣)[46]에서 살게 되리라.

蓋夫 末來衆生 根性昏鈍 欲習濃厚 故久滯沈淪 未免衆苦 不憑師友之責 難得脫苦之樂 由是我責汝等之前非 今獲五念之停息 通達五障 然後 今超五濁 登九蓮上 汝須專志聽我言 彗五停心者 一多貪衆生不淨觀 二多嗔衆生慈悲觀 三多散衆生數息觀 四愚癡衆生因緣觀 五多障衆生念佛觀 此五念雖停 未離世緣 故滯於五障也 彗五障者 一相續愛欲名煩惱障 二了執法門名所知障 三愛身造業名報障 四無心守靜名理障 五通察萬法名事障 不通故滯 在五濁也 彗五濁者 一一念初動不分空色名劫濁 二見觀紛起汨擾湛性名見濁 三煩起邪念發知現塵名煩惱濁 四生滅不停念念遷流名衆生濁

五各受識命不顧其元名命濁 不停五念則五障何通 不通五障則五濁奚淸 是以 五念不停者多障濁故 必以十種 念佛 三昧之力 漸入淸淨戒門 戒器純淸 一念相應 然後 可得停心 超於障濁 直到極樂 淨修三無漏學同證彌陀無上大覺也 是以 欲證斯道 應須十種念佛 何等爲十一戒身念佛 二戒口念佛 二戒意念佛 四動億念佛 五靜億念佛 六語持念佛 七默持念佛 八觀想念佛 九無心念佛 十眞如念佛 如是十種念佛 皆一念眞覺之所發而成念極功也 故念者守也 存養眞性 要守不忘也 佛者覺也 省照眞心 常覺不昧也 故無念之一念 覺了圓明 明圓絶慮 是謂眞念佛也 第一戒身念佛者 當除殺盜淫 身器淸淨 戒鑑圓明 而後 端身正坐 合掌面西 一心欽念 南無阿彌陀佛數無窮盡 念無間斷 及至坐忘 一念現前時 名爲戒身念佛 第二戒口念佛者當除妄語綺語兩舌惡口 守口攝意 身淸口淨 而後 一心敬念 南無阿彌陀佛數無量盡 念無間斷 乃至口忘 非口自念時 名爲戒口念佛 第三戒意念佛者當除貪嗔痴慢 攝意澄心心鑑無思 而後 一念深念 南無阿彌陀佛 數無窮盡念無間斷 乃至意忘 非意自念時 名爲戒意念佛 第四動億念佛者 當除十惡正持十戒 於動用周旋 造次顚沛　念常念 南無阿彌陀佛 數無窮盡 念無間斷 乃至動極 不動自念時 名爲動憶念佛 第五靜億念佛者 十戒旣淨 一念不亂 於靜身閑事 幽夜獨處 一念專念 南無阿彌陀佛 數無窮盡 念無間斷 乃至靜極 卽勸自擧時 名爲靜億念佛 第六語持念佛者 對人接話 呼童警 外感隨順 內念不動 一心情念 南無阿彌陀佛 數無窮盡 念無間斷 乃至語忘無語自念時 名爲語持念佛 第七默持念佛者 口誦之念旣極 無思之念默契夢覺 不昧 動靜恒憶 一念默念 南無阿彌陀佛 數無窮盡 念無間斷 乃至默

忘 不念自擧時 名爲默持念佛 第八觀想念佛者 觀彼佛身 充滿於法界中妙光金色 普現於群生前 想知佛光 照我身心 俯仰觀聽 了非他物 至意至誠一念極念 南無阿彌陀佛 數無窮盡 念無間斷 於十二時中 四威儀內 常敬不昧 是名觀想念佛 第九無心念佛者 念佛之心 久化成功 漸得無心三昧無念之念 不擧自擧 無思之智 非圓自圓 不受而受 無爲而成 是名無心念佛第十眞如念佛者 念佛之心旣極 無了之了自了 三心頓空 一性不動 圓覺大智 郎然獨尊 是名眞如念佛 若非先斷十惡八邪者 奚契於十種念佛 是以身器淸淨 然後 可以貯凝法藏 戒鑑圓明 然後 可以佛應昭看 故經云 雖得醍瑚上味 若非寶器貯凝難 今此念佛之人 身器淸淨戒鑑圓明則 豈不能儲凝眞法味者乎 近來白衣邪徒 不斷十惡八邪 不修五戒十善 以曲會私情 妄求念佛 披露邪願 欲生西方 是乃如將方木逗圓孔也 如此之人 自意雖持 其念佛佛意 何契其邪念乎 是以 破戒諦佛 妄求眞淨之罪 幽結極重 故死墮地獄自傷身心 是誰過歟 汝等戒品觀鑑 于玆 先斷十惡八邪 次持五戒十善 懺悔前非 願盟後果 參結同心 志定死生 持年三長 守節入交 效月六齊 須以十種念佛爲業 久功積力 汨合眞如念佛則 日日時時 行住坐臥 阿彌陀佛眞體冥現其前 摩項授記 若於臨命終時 親迎極樂於九品蓮臺 必以上品 相對而住珍重

| 주 |

1) 회심으로 마음을 비추어 사에서 정에 들어 가는 것.
2) 말세는 요말(澆末)의 세대라는 뜻이다. 부처님이 입멸하신 뒤 500년을 정법시라 하고 다음 1000년을 상법시, 그 뒤 1만 년을 말법시라고 한다. 말법의 시대에는 진실한 불법이 멸진할 때라 한다. 말법세상에는 불교가 쇠퇴한다고 하며 말법 중생은 말법시대에 사는 중생을 말한다. 말세에는 사람의 마음이 어지럽고 여러 가지 죄악이 성행한다고 한다.
3) 오정심관(五停心觀)의 내용을 말한다. 다섯 가지 허물된 마음을 그치게 하는 관법. 부정관(不淨觀) · 자비관(慈悲觀) · 인연관(因緣觀) · 염불관(念佛觀) · 수식관(數息觀)을 말한다.
4) 수행에 장애되는 5가지 번뇌. 번뇌장(煩惱障) · 소지장(所知障) · 보장(報障) · 이장(理障) · 사장(事障).
5) 나쁜 세상에 다섯 가지 어려움. 겁탁(劫濁) · 견탁(見濁) · 번뇌탁(煩惱濁) · 중생탁(衆生濁) · 명탁(命濁).
6) 정토에 왕생하면서 앉게 되는 9가지의 연화대(蓮花臺)를 말한다. 구품은 상상품금강대(上上品金剛臺) · 상중품자금대(上中品紫金臺) · 상하품금련대(上下品金蓮臺) · 중상품연화대(中上品蓮花臺) · 중중품칠보연화(中中品七寶蓮華) · 중하품금련화(中下品金蓮華) · 하상품보련화(下上品寶蓮華) · 하중품연화(下中品蓮華) · 하하품일륜금륜화(下下品日輪蓮華)이다. 다 연화로 되어 비슷하나 대(臺)가 있고 없고 견고불괴(堅固不壞)와 빛깔, 향기, 모양의 차이로 상중하가 나뉘고 있을 뿐이다. 금강은 견고한 백련화이고 하하품은 해를 닮은 붉고 둥그런 유사 금련화이다.
7) 오정심관은 5종(五種)의 관법(觀法)을 닦아 5종의 과실을 마음에서 끊는 것인데 이 오정심관에는 크게 두 종류가 있다.
①부정관은 경계가 부정한 상(相)을 관하여 탐욕을 끊는 법으로 탐착심이 많은 사람이 닦는 관법. ②자비관은 일체의 유정을 향하여 가련한 상

(相)을 관하고 진에를 끊는 관법. ③인연관은 12인연이 삼세에 상속(相續)하는 이치를 관하고 우치(愚痴)를 끊는 관법. ④계분별관(界分別觀)은 제법을 향하여 육계(六界) 혹은 18계로 분별하여 아견(我見)을 끊는 관법으로 아견이 많은 사람이 닦는다. ⑤수식관은 호흡할 때 숫자를 붙여 산란한 마음을 끊는 법이다. 산란심이 많은 사람이 닦는다.

또는 계분별관과 인연관이 비슷하여 빼고 관불(觀佛)을 더하기도 하여 2종으로 구분한다. 관불함으로 인하여 능히 일체의 번뇌(업장)를 다스리기 때문이다.

『대승의장(大乘義章)』에서 "사람에게 제환(諸患)의 등분(等分)을 어떻게 치료하면 낫는가?" 하니 "성실법(成實法) 중의 16특승능(特勝能)으로 치료하여 관불삼매경 중의 관불삼매에 의하여 능히 치료한다. 비담법(毘曇法) 중에 삼독(三毒) 경계는 아니기 때문이다"고 하였다.

이를 도시하면 다음과 같다.

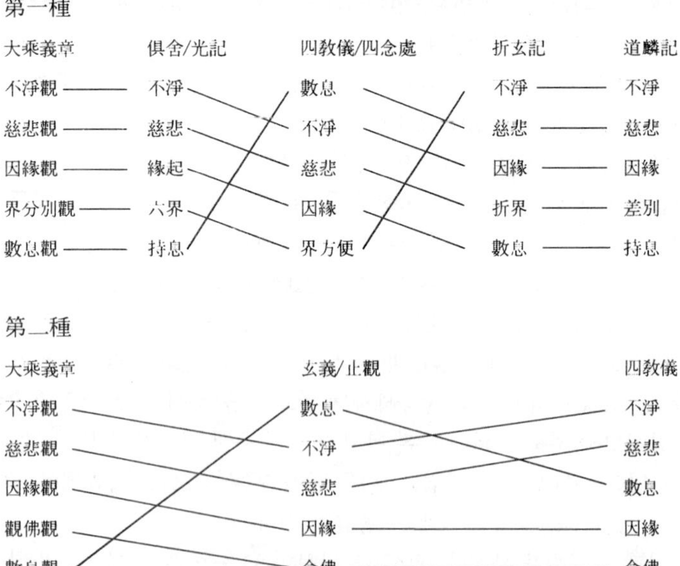

8) 부처님의 상호와 공덕장엄을 관하는 것.
9) 탐진치 등의 번뇌로 삼계에 생사유전(生死流轉)하면서 열반에 장애가 되는 업으로 나타나는 것.
10) 중생의 무명이 지혜를 덮어 보리(菩提)에 장애가 되는 업을 내게 된다.
11) 악업으로 받은 지옥 · 아귀 · 축생 등의 괴로운 과보로 불법을 들을 수 없게 되는 것.
12) 바른 지견을 장애하는 혹(惑).
13) 생사를 상속케 하는 번뇌.
14) 말세에는 기근, 질병, 전쟁 등이 계속 일어나 중생이 도탄에 빠져 하루도 편한 날이 없다.
15) 불가사의하고 밝고 고요한 마음의 해탈 열반의 상태를 말함.
16) 세상 사람들의 지견(知見)이 부정하여 정도(正道)를 몰라 자기의 주장만 내세워 하나로 뭉치지 못한다.
17) 애욕에 탐착되어 성내고 다투고 허망한 말로 속이기를 그치지 않는다.
18) 폐단과 악이 많아 심신이 부정하여 의리(義理)를 통달하지 못하게 된다.
19) 안 · 이 · 비 · 설 · 신 · 의의 수명. 육근(六根)은 그 차례대로 색 · 성 · 향 · 미 · 촉 · 법의 육경(六境)에 대하여 견(見) · 문(聞) · 취(臭) · 미(味) · 각(覺) · 지(知)의 요별(了別)하는 작용이 생긴다. 대소승(大小乘)의 통설(通說)하는 법문이며 대승에서 설한 팔식(八識) 중의 제일에서 제육까지 이르므로 항상 전육식(前六識)이라 한다. 이 육식은 욕계에 있어서 개유(皆有)하나 색계(色界)의 초선천(初禪天)에 있어서는 안(眼) · 이(耳) · 신(身) · 의(意)의 4식만 있고 비(鼻) · 설(舌)의 2식은 없다. 또한 제이선천(第二禪天) 이상에서 무색계(無色界)의 항(項)에 이르면 오직 의식만 있고 안(眼) · 이(耳) · 신(身)의 3식은 없다. 이것은 식과 상응하고 선정과 상응하지 않기 때문이다. 또한 이 육식은 체일체별(體一體別)의 논(論)이 있다. 소승의 구사(俱舍)는 대승법상(大乘法相)의 체별(體別)을 취하고 소승성실(小乘成實)은 체일(體一)을 취한다고 한다.
20) 중생들이 번뇌에 얽혀 심신이 초췌하고 수명이 단축하게 된다.
21) 생각이 흩어지지 않고 일심으로 아미타불 명호를 부르는 것.

22) 계를 받아 지키는 몸을 말한다.

23) 계정혜는 삼학(三學)으로 계학(戒學)은 행위와 언어로 나쁜 짓을 짓지 않고 몸을 보호하는 계율. 정학(定學)은 심의식의 흔들림을 그치고 고요하고 편안한 경지를 나타내는 선정. 혜학(慧學)은 번뇌를 없애고 진리를 철견(徹見)하려는 지혜.

24) 삼학의 다른 이름이다. 번뇌를 없애는 참학(參學)이므로 무루학(無漏學)이라 한다.

25) 부처님의 다른 이름. 스스로 깨닫고 남도 깨닫게 하므로 대각이라 한다.

26) 계의 본보기.

27) 존경하여 염불함.

28) 마음의 거울

29) 열 가지 나쁜 행동. 신업[(身業 : 살생(殺生) · 투도(偸盜) · 사음(邪淫)], 구업[(口業 : 망어(忘語) · 기어(綺語) · 악구(惡口) · 양설(兩舌)], 의업[(意業 : 탐(貪) · 진(瞋) · 치(痴)]를 말한다. 십악은 고과(苦果)를 부르는 업인(業因)이 되기 때문에 십악업이라 한다. 십악의 반대가 십선(十善)이고 십선을 권장하여 십계(十戒)라고 부르기도 한다. 『보살영락경』에 "순리를 선이라 하고 역리(逆理)를 악이라 한다. 일체 중생의 식(識)이 처음 일어날 때 한 생각이 연(緣)에 주한다. 순(順)의 제일의제(第一義諦)가 일어나는 것을 선이라 하고 배(背)의 제일의제가 일어나는 것을 악이라 한다" 하였다. 『유식론』에 "순익(順益)으로 이 세상이나 다른 세상의 유루(有漏)와 무루(無漏)를 행법(行法)하는 것은 선이 되고 이 세상과 타세상에 위손(違損)하는 유루 행법은 악이 된다" 하였다. 『지관』에 "오직 원법(圓法)을 선이라 하고 실상에 선순(善順)하는 것을 도라 하며 실상에 위배된 것은 도가 아니다" 하였다.

『천수경』의 '사음중죄금일참회(邪淫重罪今日懺悔)'에서 사음을 사행(邪行)으로 고쳐 부르는 것은 크게 잘못된 것이다. 사행은 보다 넓은 의미로써 파계를 사행이라고도 하기 때문이다.

30) 열불이 절정에 달한 최고의 염불.

31) 생각도 분별도 없는 무아무경(無我無境)의 상태.

32) 원만한 깨달음에서 얻어지는 크나큰 지혜.

33) 모든 법의 진상을 여의어 일어나는 생(生) · 멸(滅) · 거(去) · 래(來) · 일(一) · 이(異) · 단(斷) · 상(常) 등 여덟 가지의 미매(迷昧)한 고집.

34) 많이 쌓인 공덕.

35) 마치 물이 응결되듯 쌓여 엉킨다는 뜻.

36) 우유에 칡뿌리 가루를 섞어 쑨 미음.

37) 당시 하얀 옷을 입은 세속 사람을 지칭한 말로 일반적으로 불교 신도를 말한다.

38) 여래께서 증득한 진실청정한 대법. 『법화경』에 "우리들이 얻고자 하는 것은 진정대법(眞淨大法)이다"고 하였다.

39) 계의 품류(品類)와 종별(種別).

40) 관조귀감(觀照龜鑑)의 줄인 말로 귀감의 계를 관조해 보는 것.

41) 뜻이 있는 사람들이 모여 천 일이나 만 일의 기한을 정해놓고 용맹정진 염불하는 것을 말한다.

42) 삼장재월(三長齋月)로 일 년 중 1, 2, 9월의 석 달은 1로부터 15일까지 신구의(身口意) 삼업을 청정히 하여 악을 재계(齋戒)하고 선을 신행하는 달이라고 한다.

43) 매달 8, 14, 15, 23, 29, 30일의 6일을 말한다. 이 6일은 사천왕(四天王)이 천하를 순행하면서 사람의 선악을 살피는 날이라 하며 또는 악귀가 사람의 짬을 보는 날이라고도 한다. 이 날에는 사람마다 몸을 조심하고 마음을 깨끗이 하여 지계하여야 한다고 한다. 달이 작은 때에는 28, 29일로 앞당기어 따진다.

44) 부처님께서 이마를 쓰다듬어 수기(授記)를 내리셨다. 부처님이 대법(大法)을 촉루(囑累)하기 위하여 제자의 이마를 어루만지고 혹은 수기하면서 이마를 어루만진다. 『법화경』 「촉루품』에 "석가모니불이 법좌에서 일어나서 대신력을 나타내어 바른 손으로 무량보살마하살의 이마를 어루만졌으므로 이 말이 생겼다"고 한다.

45) 극락세계 열 가지 큰 장엄. 1. 법장비구가 원을 세워 과거 인행을 닦아 장엄하며, 2. 48원을 세워 원력을 성취하여 장엄하며, 3. 아미타불의 명호는 무량수의 빛으로 장엄하며, 4. 세 대사(관세음 · 대세지 · 인로왕 보

살)를 보니 보배 상호로 장엄하며, 5. 아미타불의 국토는 안락한 것으로 장엄하며, 6. 보배물은 청정해서 8공덕수로 장엄하며(①깨끗하고 오염되지 않은 물, ②혼탁하지 않고 가볍고 시원한 물, ③단맛이 도는 물, ④물의 성질이 가볍고 부드러운 물, ⑤영양분이 있어 몸과 마음이 이로운 물, ⑥목욕하면 편안하고 쾌적하게 하는 물, ⑦이 물을 마시면 금방 갈증을 멎게 하고 배고픔을 없애는 물, ⑧이 물을 마시거나 목욕하면 착한 마음을 일으키게 하는 물), 7. 여의주로 지은 궁전은 누각으로 장엄하며, 8. 낮과 밤은 오래고 오랜 시간으로 장엄하며, 9. 24가지 즐거운 정토로 장엄하며(아미타불의 서원은 무량수경에 48원으로 설명하나 무량청정평등각경에는 24를 제시하고 있다), 10. 30가지 이익한 공덕으로 장엄하였다[①불국토에 태어난다. ②큰 법락을 얻는다. ③여러 부처님을 가까이 할 수 있다. ④시방으로 다니면서 부처님께 공양드린다. ⑤부처님 말씀을 직접 듣는다. ⑥복과 지혜가 빨리 원만해 진다. ⑦보리를 빨리 증득한다. ⑧모든 천인 등과 한 곳에서 만난다. ⑨후회가 없다. ⑩행원(行願)이 증진된다. ⑪진귀한 새가 법을 설한다. ⑫나무에 바람이 불면 아름다운 소리를 낸다. ⑬물을 적시면 괴로움이 없어진다. ⑭진금색신(眞金色身) ⑰못 생긴 얼굴이 없다. ⑱여러 통(通)을 갖춘다. ⑲항상 정(定)에 머문다. ⑳모든 불선(不善)이 없다. ㉑수명이 길다. ㉒의식(衣食)이 마음대로 갖추어진다. ㉓오직 즐거움만 받는다. ㉔32상을 갖춘다. ㉕여자가 없다[보살은 여성 몸을 많이 하고 있으나 오직 생산하는 질과 자궁, 즉 생식기(요도는 있음)가 없다. 생사 번뇌 고통의 원인이 되는 몸을 생산하지 않는다는 뜻이다.] ㉖스승이 없다. ㉗팔란(八難)이 없다. ㉘삼법인을 얻는다. ㉙몸에서 항상 빛이 난다. ㉚나라연(那羅延: 천상의 力士)과 같은 힘을 얻는다.]

46) 많은 누각이 겹쳐진 모양으로 극락세계의 깊고 높은 누각을 말한다.

삼밀(三密)[1]을 닦는 염불삼매문(念佛三昧門)

무릇 염불하는 방법에 두 가지 모양새가 있으니 하나는 무상(無相)이며 하나는 유상(有相)이다.

유상염불(有相念佛)이란 수(數)를 세는 염주를 가지고 매번 한 번 염불할 때마다 염불하는 수를 기억하는 것인데 숫자 하나라도 빼먹지 말아야 한다. 숫자를 한번이라도 빼먹게 되는 것을 간단(間斷)이라고 하는데 바르게 헤아리지 못해 숫자를 빼먹게 되면 구하고자 하는 삼매를 성취하지 못하게 된다.

한 번 숨을 크게 들이쉬어 다 내뿜을 때까지 한 차례 염불하면서 염주 한 알을 굴리는 것을 일념(一念)이라 한다. 이와 같이 몇 차례 숨을 크게 들이내쉬며 염불하는 것을 십념(十念)이라 한다. 이때 다만 숨이 길고 짧음에 따를 뿐 염불의 숫자에는 구애되지 않는다. 숨이 길면 염불을 오래도록 하면 되는 것이며 숨이 극도에 달할 때는 숨을 제한하는 한도로 삼고 염불하는 소리를 너무 높지도 않고 너무 낮지도 않게 느리지도 않게, 또 빠르지도 않게 하면서 숨 한 번 크게 들이내쉬면서 염주 한 알 굴리는 것을 일념(一念)이라 한다. 이와 같이 백팔 번을 숨을 크게 들이내쉬면서 염불하는 것을 백팔염(百八念)이라 한다. 바르게 부처님을 향해 염불하는 뜻이 산란하지 않고 더더욱 정진하여 깨끗한 마음으로 하룻낮 하룻밤 내지 칠일 칠야(七日七夜)를 염불하게 되면 문득 아미타불을 뵙게 되리라.

경(經)[2]에 이르기를 "바르게 십념이면 다 왕생하게 된다"고 하였다.

무상염불(無相念佛)이란 코 끄트머리로 숨을 들이쉬고 내쉬면서 생각하기를 한결같이 아미타불의 위신력 입기를 염관(念觀)하는 것이다. 숨을 내쉬고 숨을 들이쉬고는 끊임없이 하면서 생각생각이 원만하고 밝은 마음을 얻어서 안밖이 명철(明徹)해지면 삼독(三毒)이 곧 삼매(三昧)이니 탐진치(貪瞋痴)가 굴러 삼매를 이뤄, 번뇌를 철저히 항복받고 신심이 증장되어 빠르게 불퇴지(不退地)[3]를 이루게 된다. 오직 의혹만 제거했을 뿐 불신으로 비방하며 죄의 업장이 무겁고 아만과 게으른 사람들은 무상염불에 들어가지 못한다.

夫念佛之法 亦有二種相 一者無相 二者有相 有相念佛者 卽持數珠 每一念佛 須記念數 不得闕少一數 若闕少一數 名爲間斷 所求三昧 不獲成就 應知盡氣 一念移一珠 名爲一念 如是十氣 名爲十念 但隨氣長短不拘佛

數 惟長惟久 氣極爲度 其聲不高不低 不緩不急 一氣移一株 名爲一念 如是一百八氣 名爲一百八念 正是向佛 念意不亂 更加精進淨心 一日一夜 乃至 七日七夜 念畢便可見 阿彌陀佛 或在夢中 當面自見 經云十念皆得往生 無相念佛者 於鼻尖上 想出入息 專任念觀彼佛 出息入息 無今間斷 念念圓明 其心得任 內外明徹 貪瞋痴是 二昧轉三毒成三味 深伏煩惱 信心增長 速成不退 唯除疑惑 不信誹謗 重罪業障 我慢懈怠 如是等人 所不能入也

| 주 |

1) 삼밀은 신구의(身口意) 삼업의 미묘한 활동으로 부처와 중생의 체(體)가 둘이 아니라는 걸 명철(明哲)하게 되면 삼독(三毒)이 곧 삼매라는 것이다.
2) 『미타경』을 말한다.
3) 물러나지 않는 지위로 여러 종류가 있으나 보통 보살의 초지(初地)를 말한다. 한번 이 지위를 얻게 되면 뒤로 물러나거나 수행을 퇴패(退敗)하는 일이 없으며 대지가 만물을 싣고 이를 윤익(潤益)케 함과 같다 하여 지(地)라 이름 붙인다.

화엄삼십종정업(華嚴三十種淨業)[1)]

1. 하루 동안의 일과를 빠뜨리지 않는다.

2. 제 몫의 밥을 덜어 매일 중생에게 베푼다.

3. 크고 작은 밥을 얻을 때 의발(衣鉢)을 어기지 않는다.

4. 항상 바닥에 웅크리고 앉지 말며 존장(尊長)을 대면한 것과 같이 한다.

5. 크고 작은 밥을 얻으면 먼저 삼보(三寶)에 헌공한다.

6. 크고 작은 법을 지을 때 반드시 합장한다.

7. 불당(佛堂)과 승당(僧堂)은 항상 부정한 것을 소제(掃除)한다.

8. 양치질 할 때 큰 소리로 코나 침을 뱉지 않는다.

9. 손 씻고 세수할 때 반드시 물을 귀중히 여긴다.

10. 하루 동안에 큰 밥을 쌓아두지 않는다.[2)]

11. 길을 다닐 때에 논밭을 밟지 않는다.

12. 함께 사는 사람에게 난폭한 말을 하지 않는다.

13. 자기나 남의 장단점을 다른 사람에게 말하지 않는다.

14. 병든 사람을 보면 자비로운 마음으로 보호해 준다.

15. 굶주린 사람을 보면 자비로운 마음으로 굶주림에서 구제한다.

16. 병들지 않았다면 일찍 일어나 남이 깨워주길 기다리지 않는다.

17. 밥 때가 아니면 먹지 말고 밥을 너무 배부르게 먹지 않는다.

18. 법이 아니면 설하지 말고 어질지 않으면 벗하지 않는다.

19. 백의(白衣)의 자리에 옆구리를 잠시라도 붙이지 않는다.[3]

20. 사람의 과실을 보더라도 다른 사람에게 말하지 않는다.

21. 문(門)에 도착한 사람을 보면 반갑게 영접하라.

22. 고뇌하는 사람을 보면 자비로운 마음으로 괴로움에서 구제한다.

23. 병들지 않았으면 졸지 말며 낮에 눕지 않는다.

24. 먹고 사는 데에 배부르고 편안하기를 구하지 않는다.

25. 모든 음식을 위아래가 고르게 나눈다.

26. 길을 걸을 때는 낮은 소리로 말한다.

27. 향적주(香積廚)[4]에서 마음을 잘 쓴다.

28. 여러 용상(龍象)[5]은 총림(叢林)에 있다.

29. 여럿이 살면 말을 조심하고 혼자 앉으면 잡념을 방지한다.

30. 행자(行者)[6]는 볼 때에는 간절히 의중에 둔다.

31. 별과 달을 바라보는 것은 힘든 일이다.[7)]

32. 인(因)이 깊으면 과(果) 또한 깊다는 것을 믿는다.

| 주 |

1) 화엄사상에 입각한 대승보살도(大乘菩薩道).
2) 하루에 필요한 분량만큼 적당히 걸식한다는 뜻. 탁발걸식(托鉢乞食)은 남방불교에서 하고 있는 수행의 하나이다. 이른 새벽에 가사를 걸치고 맨발로 발우를 몸에 안고 시주의 문 앞을 지나가면 시주들이 밥과 반찬을 담아 와서 발우에 밥을 퍼 담아주고 반찬이 든 봉지를 발우 위에 얹어준다. 보통은 한 발우를 얻어와 아침 점심으로 두 끼를 먹는다. 사원에 병든 사람을 시봉하거나 고아들을 키울 때는 밥을 더 얻어와서 아이들과 같이 나눠 먹기도 한다. 하루 분량 이상 음식을 쌓아두지 말라는 뜻이다. 요즘에는 '맛있는 음식을 쌓아두지 않는다' 로 받아들이면 된다.
3) 재가신도의 집을 방문하였을 때 그들이 사용하는 좌구나 침구에 앉거나 눕지 말라는 뜻. 또는 재가신도들이 사용하는 좋은 좌구나 침구를 수행자는 사용하지 않아야 한다는 뜻이다.
4) 후원(後院)의 일하는 주방(廚房)으로 공부에만 신경쓰지 말고 잡무도 거들면서 깨끗하고 성실한 마음으로 조리를 해야 한다는 뜻.
5) 대덕(大德) 스님으로 총림에 머무는 여러 대덕 스님에게 참방(參榜)하여 법을 배우란 뜻이다. 총림에 살아 보아야 한다는 뜻도 있다.
6) 행자는 길을 지날 때 만나는 사람이란 뜻으로 사원의 행자 또는 수행자란 뜻도 된다.
7) 부처님이 견성오도(見星悟道)의 성도 일화를 비유하여 성불하기가 어렵고 힘들다 해도 물러서지 말고 꾸준히 정진하라는 뜻이다.

백장대지선사(百丈大智禪師)[1] 총림규칙(叢林規則) 20조(條)

1. 총림(叢林)[2]은 사고없이 흥성해야 한다.

2. 수행은 부처를 생각하는 것이 온당하다.

3. 정진은 지계로 제일(第一)을 삼아야 한다.

4. 질병은 음식을 적게 먹고 약을 복용하는 것으로 탕약(湯藥)을 삼아야 한다.

5. 번뇌는 인욕(忍辱)으로 보리(菩提)를 삼아야 한다.

6. 잘잘못은 판별하지 않은 것으로 해탈을 삼는 게 좋다.

7. 대중에게 주의를 줄 때에는 노련하고 경험이 풍부한 상식으로 진심으로 타일러야 한다.

8. 집무할 때에는 마음을 다해서 공과가 있어야 한다.

9. 말을 할 때는 적게 하고 간단명료해야 한다.

10. 장로(長老)는 자애롭고 온화하게 덕을 베풀어야 한다.

11. 학문은 부지런히 익혀서 입문(入門)해야 한다.

12. 인과는 명백하여 조금도 지나침이 없는 것임을 알아야 한다.

13. 늙고 죽는 것은 무상한 것으로 경책을 삼아야 한다.

14. 각종 불사(佛事 : 재사 지낼 때의 뜻도 있음)할 때에는 정진하여 간절하고 성실하게 해야 한다.

15. 객을 맞을 때는 정성을 다해 공양을 드려야 한다.

16. 산문(山門)[3]은 고색창연하게 장엄해야 한다.

17. 무릇 일을 할 때에는 미리 계획을 세워 수고로움을 줄여야 한다.

18. 대중(大衆)에 거(居)할 때에는 겸양공손하고 이해심이 있어야 한다.

19. 위험한 곳에서는 산란(散亂)하지 않고 정력(定力)을 기울여야 한다.

20. 유정(有情)[4]을 제도할 때에는 자비로써 근본을 삼아야 한다.

| 주 |

1) 백장대지선사(百丈大智禪師, 720~814). 중국 당나라 스님. 백장청규(百丈淸規)를 만들어 처음으로 선문의 의식을 제정하였다. 강서성(江西省) 남창부(南昌府) 봉신현(奉新懸)의 백장산(百丈山)에 있었으므로 백장선사라 부른다. 남악하제이세(南嶽下第二世)인 마조도일의 제자다. 이름은 회해(懷海). 호는 백장(百丈). 시호(諡號)는 대지(大智). 탑호(塔號)는 대보승륜(大寶勝輪)이다.
참당(參堂)한 한 노인이 오백 생 동안 야호신(野狐身)에 떨어진 것을 제도하였으므르 세인이 백장야호(百丈野狐)라 불렀다. 또한 행차(行次)를 면밀하게 해서 '일일부작(一日不作)이면 일일불식(一日不食)' 이란 말은 총림의 귀감이 되었으며 백장청규를 제정하여 승규(僧規)를 처음으로 확립하였으므로 선문에서 총림의 개벽조라 칭하였다.
백장청규를 지어 법당(法堂), 승당(僧堂), 방장(方丈)의 제도를 마련하여 승려들에게는 동서(東序), 요원(寮元), 당주(堂主), 화주(化主) 등의 각각 직책을 분담시켜 승당에 있게 하고 자기는 방장에 있으면서 때때로 법당에 나와 상당(上堂)하였다. 이 책은 선종의 법규를 정한 것이나 당송 때 없어졌으므로 지금은 전하지 않는다. 당나라 현종 원화 9년에 세수 98세로 입적하였다.
2) 승과 속이 화합하여 한 곳에 주하는 것이, 수목이 총림하여 숲이 됨과 같다. 특히 선정(禪庭)의 이름. 선을 번역한 말로 공덕이 총림같다는 뜻임.
『지도론』에 "승가를 번역하여 중(衆)이라 한다. 많은 비구가 한 곳에 모여 화합하는 것을 승가라 한다. 비유하면 대수(大樹)가 총취(叢聚)한 것을 임(林)이라 함과 같다. 공덕총림이란 과(果)에 따라 이름한 것을 총림이라 설한다" 하였고, 『우상제전(右霜諸傳)』에 "남방에서 총림이라 번역하여 선나(禪那)로 공덕총림(功德叢林)이 된다" 하였으며, 『조정사원(祖

庭事苑)』에 "범어로 빈바나(貧婆那)라 하며 번역하여 총림이라 한다" 하였다.

현재 우리나라의 총림은 강원, 선방, 율원 등 염불당과 니승(尼僧) 처소가 있는 종합적인 도량을 총림이라 하고 있다. 대표적인 총림으로는 해인총림, 영축총림, 조계총림 등이 있다. 중국에서는 주지나 큰 절 주지를 방장이라 부르고 방장 위에 있는 스님을 장로라 부른다. 조실(祖室)이 방장보다 높게 느껴지기도 한다.

3) 산문은 사원의 외문(外門)으로 반드시 산림이 있으므로 사원의 문을 가리켜서 산문이라고 한다. 또한 사원 자체를 산문이라고 한다. 산문삼대시자(山門三大侍者)란 선종에서 소향(燒香), 서장(書狀), 청객시자(請客侍者)를 말하듯이, 고사(古寺)는 방부, 방염 처리하여 잘 보존하되, 화려하게 단청하지 말라는 뜻도 되고 수행자는 소박하고 수수하게 차려 입고 겉치레에 너무 신경쓰지 말라는 뜻도 된다.

4) 유정(有情, sattva)은 구역에서는 중생, 신역에서는 유정이라 한다. 유정식이란 애정이 있는 자란 뜻이다. 『유식술기(唯識述記)』에 "범어인 살타는 번역하여 유정이라 한다. 정식이 있기 때문이다. 또한 정은 애(愛)다. 애가 생하기 때문이다. 중생이란 불선(不善)한 이(理)를 말하며 초목중생과 같다" 하였고, 『대일경』 소에 "유정은 착(着)의 뜻이 있다" 하였다.

천지(天地)의 오행(五行)[1)]과 인지(人之)의 오행(五行)

점안(點眼)[2)] 시 작법(作法)을 할 때 증명법사(證明法師)는 오행을 관상(觀想)해야 할 것이다.

목위(木位)는 동쪽에 해당하며 기후는 봄이며 사람에 있어서는 간(肝)에 해당하고 눈이 되며 발생[3)]하는 것이 목위이다.

화위(火位)는 남쪽에 해당하며 기후는 여름이며 사람에 있어서는 심장(心臟)에 해당하고 입이 되며 장양(長養)[4)]하는 것이 화위이다.

금위(金位)는 서쪽에 해당하며 기후는 가을이며 사람에 있어서는 폐(肺)에 해당하고 코가 되며 성종(成宗)[5)]하는 것이 금위이다.

수위(水位)는 북쪽에 해당하며 기후는 겨울이며 사람에게 있어서는 신장(腎臟)에 해당되고 귀가 되며 수장(受藏)[6)]하는 것이 수위이다.

토위(土位)는 중앙에 해당하며 기후는 사계를 관장하며 사람에 있어서는 비장(脾臟)에 해당하고 몸이 되며 각해재물(覺解載物)[7]하는 것이 토위이다.

진언(眞言)[8]과 관정(灌頂)[9]을 할 때 증명법사가 심관(心觀)하는 것이 이것이다.

點眼作法之時 五行 證師觀想爲可也 木位在東 行於春 在人爲肝 成於目 發生者是也 火位在南 行於夏 在人爲心 成於口 長養者是也 金位在西 行於秋 在人爲肺 成於鼻 成宗者是也 水位在北 行於冬 在人爲腎 成於耳 受藏者是也 土位無 行於四季 在人爲脾 成於身 覺解載物是也

| 주 |

1) 음양학(陰陽學)에서 일컫는 우주간의 다섯 원리. 만물을 분류하는 금속[金]·나무[木]·물[水]·불[火]·땅[土] 다섯 가지를 말한다.
   금속은 사람의 뜻에 따라 모양이 변하며 매운맛이 있고, 나무는 구부리고 펴지며 신맛이 있고, 물은 아래로 흐르며 짠맛이 있고, 불은 태우고 올라가며 쓴맛이 있고, 땅은 만물을 기르며 단맛이 있다.
2) 불상을 조성한 후 여법한 의식으로 불상에게 공양하는 것. 곧 불상에게 신령(神靈)이 있게 하는 의식이다.
3) 만물이 일어나는 것.
4) 만물을 양성하는 것.
5) 만물이 결실을 맺는 것.
6) 만물을 갈무리 하는 것.
7) 만물을 측량하는 것.
8) 진실한 말. 불보살의 서원과 교(教)의 깊은 뜻이 간직되어 있는 비구(秘句), 법신(法身)의 설법 등의 뜻이 있다.
9) 물을 정수리에 부어 업장을 씻는 불교 의식.

담배(마약)에 대하여

『유마경(維摩經)』[1]에 이르기를 "부처님께서 바라나국(婆羅奈國)[2]에서 중생을 제도하시려고 설법하고 계실 때에 이 나라 국왕이 몸소 백관권속들을 거느리고 부처님 처소를 예방하여 부처님께 공손히 여쭈었다. '세존이시여! 이 나라 인민들은 무슨 까닭으로 신심을 내지 않으며 병들고 요사하는 사람은 많고 불도를 이루는 사람은 적나이까?

세존께서 말씀하셨다. '이 나라 중생들은 옛날부터 항상 담악초(痰惡草)[3]를 먹고 인과를 믿지 않으며 행업(行業)[4]을 닦지 않은 까닭에 이같이 병들고 요사하는 사람이 많으니 지옥에 들어가서 한량없는 고통을 받게 된다.'

왕이 부처님의 말씀을 듣고는 신수봉행(信受奉行)[5]하여 나라에 영을 내려 담악초를 먹지 못하게 하였다.

이 풀에는 여러 가지 이름이 있으니 담악초(痰惡草), 불명초(不

明草)[6], 음사초(淫邪草)[7], 악생초(惡生草)[8], 다식초(多貪草)[9]로 이 여러 가지 뜻을 가진 이 풀을 먹는 사람은 죄가 깊고 무겁다.

부처님께서 왕에게 말씀하시었다. '담악초를 즐겨 먹는 사람은 계를 수지하여 정행을 한다 할지라도 아무런 공덕이 없다. 무슨 까닭인가 하면 이 담악초는 냄새가 지독하여 마치 뱀을 태우는 냄새와 같으니 죽으면 분사지옥(焚蛇地獄)에 떨어져 삼천겁(三千劫)을 지낸 뒤에 다시 아비지옥(阿鼻地獄)에 들어가 삼천겁을 지낸 뒤에 또다시 확탕지옥(鑊湯地獄)에 들어가 세세생생 부처님 이름조차 듣지 못하고 영원히 부처가 되지 못하리라. 이렇게 무서운 담악초를 먹는 일을 가히 삼가하고 삼가하지 않을까 보냐!"고 하시었다.

維摩經云 佛在婆羅奈國說法 要度衆生時國王率百官眷屬 來詣佛所 白佛言 世尊 此國人民 何故不生信心 多病夭死 無戒佛道 世尊答曰 此國衆生先世常食痰惡草 不信因果 不修行業 故如是多病夭死 皆入地獄 受無量苦 王聞佛言 信受奉行 今國中不食痰惡草 此草有種名 一痰惡草 二不明草 三淫邪草 四惡生草 五多貪草 此五種食者 其罪甚重 世尊謂王曰 眈食痰惡草者 受持戒淨行 小無功德 何以故 此痰惡草 其臭甚惡 無異於焚蛇之氣 死墮焚蛇地獄 過三千劫後 更入阿鼻地獄 曆三千劫後 又入鑊湯地獄 世世生生 不聞佛名字 永不作佛 可不愼哉可不愼哉

| 주 |

1) 정명경, 유마힐경, 불가사의해탈경이라고도 한다. 이 경을 일곱 번에 걸쳐 번역하였다. 그 중에 구마라집 번역과 오나라 지겸과 당나라 현장이 번역한 것이 현재 전해지고 있다.
2) 바라나국(婆羅奈國, vārānasi)은 중인도 마갈타국의 서북쪽에 있던 나라. 지금의 바라나시에 해당된다.
3) 담배 종류로 양귀비나 담배, 대마초와 같은 중독성의 환각 성분이 있는 풀을 말한다.
4) 고락의 과보를 받을 선악의 행위.
5) 대개 경의 마지막 구절로 부처님의 말씀을 믿고 받들어 봉행(奉行)하겠다는 다짐을 말한다.
6) 이 풀을 먹으면 정신이 몽롱하다고 하여 불명초라 한다.
7) 이 풀을 먹으면 성욕이 발동하여 참기 어렵다 하여 음사초라 한다.
8) 이 풀을 먹으면 광란에 젖어 나쁜 짓을 한다 하여 악생초라 한다.
9) 이 풀을 먹으면 음식을 조절하지 못하고 주체없이 먹는다 하여 다식초라 한다.

패러독스[Paradox, (irony)][1)]

『제법무행경(諸法無行經)』에 "한 깨끗한 위의법사(威儀法師)[2)]가 중생을 불쌍히 여겨 항상 마을에 들어가서 공양을 마치고는 백천만 집을 교화하여 다 불자를 만들어 아뇩다라삼먁삼보리심[3)]을 내게 하였다"고 한다. 또 한 위의비구(威儀比丘)[4)]는 항상 절에 있으면서 수행은 잘 하지만 보살이 행하는 도는 잘 하지 못하였다.

위의법사의 모든 제자들이 항상 마을에 들어가서 부정심(不淨心)을 내므로 곧 종을 쳐서 대중을 모이게 하고 '너희들은 오늘부터 마을에 들어가지 말라' 고 하였다. 그 뒤에 위의법사가 위의비구를 만나 대승계법(大乘戒法)[5)]을 믿지도 않고 받지도 않더라도 한 게(偈)를 힘써 설법하여 대승종자를 심어주려고 했다.

위의비구는 믿지 않고 비방하여 반드시 지옥[6)]에 들어가겠지만 지옥의 죄가 다하면 이 대승법을 들은 인연으로 도를 깨달을 인이 될 것을 알고 송(頌)하기를

'탐욕이 바로 도요 성냄도 또한 그렇다.

이 같은 세 법 가운데 일체 불법을 갖추었도다'[7]고 하였다.

| 주 |

1) 패러독스와 아이러니가 혼합된 역반설(逆反說) 같은 것.
2) 위의법사(威儀法師)는 위의사(威儀師)라고 하는데 계를 줄 때에 삼사칠증(三師七證) 가운데 교수사(敎授師)가 있어서 수계자(受戒者)는 앉고 동작하고 나아가고 물러나는 위의(威儀)를 지시하는 사람으로 이를 교수사 또는 위의법사라고 한다.
『행사초(行事鈔)』에 "위의사(威儀師) 한 분만을 백차(白差)한다"라고 하였는데 이로부터 일반 법회에서 위의작법을 지휘하는 스님을 위의사라고 한다.
3) 아뇩다라삼먁삼보리(阿耨多羅三藐三菩提心, Anuttarasamyaksambodhi)는 범어로 불지(佛智)의 이름이다. 나집의 구역(舊譯)은 무상정변지(無上正偏知)라 하며 무상정변도(無上正遍道), 진정변지(眞正偏知)라 하며, 일체 진리의 무상지혜(無上智慧)를 말한다.
『유마경』「불국품」에 "아뇩다라는 진언(秦言)으로 무상이며, 삼먁삼보리는 진언으로 정변지라 한다. 도가 더 큼이 없는 것은 무상이며 그 도가 진정하여 어떠한 법도 알지 못함이 없는 것을 정변지라 한다" 하였고, 『정토논주(淨土論註)』에 "부처님이 얻은 법은 아뇩다라삼먁삼보리이다. 아(阿)는 무(無), 뇩다라는 상(上), 삼먁은 정(正), 삼(三)은 변(徧), 보리(菩提)는 도가 된다. 통합하여 해석하면 무상정변도라 한다" 하였다.
현장의 신역은 무상정등정각(無上正等正覺), 진정평등각지(眞正平等覺智)라 하였다.
4) 위의비구(威儀比丘)는 위의승(威儀僧)으로 좌(坐), 작(作), 진(進), 퇴(退)에 위덕(威德)과 의칙(儀則)이 있는 것. 『법화경』에 "구족계(具足戒)를 보니 위의(威儀)가 결함이 없다" 하였고, 『관무량수경』에 "구족한 중계(衆戒)는 위의를 범하지 않는다" 하였으며, 『계소(戒疏)』에 "선을 행하여 미치는 곳에 각각 헌장(憲章)이 있다. 이를 위의(威儀)라 한다. 위(威)는

객의(客儀)가 가관(可觀)인 것을 말하며, 위(儀)는 궤도(軌度)에 맞는 물건을 말한다" 하였고, 『좌전(左傳)』에 "위엄(威嚴)이 있어서 두려워 하는 것을 위(威)라 하고 의(儀)가 있어 규범이 되는 것을 의(儀)라 한다" 하였다. 위의승(威儀僧)은 위덕을 갖춘 승려를 말하고 또 겉치레로 위의를 정돈하여 다른 사람의 존경을 받고 명리를 구하려고 계를 받는 승려를 말한다.

위의 위의사(威儀師)는 바른 위의사를 말하고 이곳의 위의승(威儀僧)은 바르지 못한 위의승을 말한다.

5) 대승계는 보살계(菩薩戒), 보살승(菩薩僧)이 받는 계이다. 『범망경』에서 설한 십종금계(十種禁戒)와 48경계(四十八警戒). 『의계경(義戒經)』에서 설한 삼취정(三聚淨) 등 그 명칭은 다양하다. 천태종에서는 원돈계(圓頓戒), 진언종에서는 삼매취계(三昧取戒), 선종에서는 무상심지계(無相心地戒)라 한다. 대승계법은 이러한 보살계를 말한다.

6) 육도(六道) 중 가장 고통이 심한 곳으로 대부분 지하에 있기 때문에 지옥이라 이름지었으며 근본, 근변, 고독 지옥으로 나눈다. 불교에서 거론하는 천국은 33곳이 있고 지옥은 부지옥을 합해 145곳의 지옥이 있다고 설명한다.

7) 경산(京山)에 주석하신 학월대사(鶴月大師, 1917~1979)는 마하연(摩訶衍)이란 단어를 좋아하셨고, 남전(南泉), 마조(馬祖)의 수단과 유사하다. 수법은 패러독스를 즐겨 사용하셨다. 불교의 패러독스나 과장법 등은 특정한 대중에게 강조할 때 사용하는 방편이 대부분인 것 같다.

번뇌즉보리(煩惱卽菩提), 삼독즉도(三毒卽道), 평상심시도(平常心是道) 등등의 선구(禪句)는 쉽게 말하지만 쉽고도 어려운 말이다. 일정 수준의 지혜를 요하는 것이다. 바르게 이해하려면 보살의 지혜 이상이라야 가능하다.

꽃[華][1)]

『십륜경(十輪經)』에 이르길 공양에는 크게 세 가지가 있으니 하나는 이익중생(利益衆生), 하나는 경심장화(敬心將華), 하나는 수행지설(修行持說)이다.

여러 천신(天神)들이 불보살이나 비구승(比丘僧) 등 수행자들에게 흩뿌리며 공양 올리는 것이 경심장화이다.

불교에서 말하는 대부분의 꽃이란 일반적으로 우리가 아는 화초나 꽃나무에서 피어나는 꽃을 말하는 것이 아니다. 각자의 수행력으로 마음속 나무에서 피워낸 화현화(化現華)[2)]를 말하는 것이다. 이 꽃으로 제불보살 등에게 꽃공양을 올리는 것이다.

포슬파는 화화(化華)의 하나이다. 불파제는 천화(天華)이다. 수만나는 황백칭의화(黃白稱意華)이다. 나라타는 인지화(人持華)이다. 마리는 황색화(黃色華)이다. 거마는 우분중생화(牛糞衆生華)이다. 사제는 금전화(金錢華)이다. 바라라는 중생화(重生華)이다. 바리사가는 하생우화(夏生雨華)이다. 나바는 잡화(雜華)이다.

우담바라[3)]는 서응화(瑞應華)이다. 분다리는 백련화(白蓮華)이다. 우바라는 청련화(淸蓮華)이다. 발특마는 홍련화(紅蓮華)이다. 마하발특마는 대홍련화(大紅蓮華)이다. 구물투는 지희황련화(地喜黃蓮華)이다. 만수사는 유연적화(柔軟赤華)이다. 하라가는 아가백화(阿迦白華)이다. 만다라는 적의백화(適意白華)이다. 아제목다가는 선사적화(善思赤華)이다. 바하가라는 적화수(赤華樹)이다. 아루나는 상응화(相應華)이다. 바라사화는 삼색화(三色華)이다. 구란타는 홍색화(紅色華)이다.

| 주 |

1) 화(華, puspa)은 6종공물(六種供物)의 하나로 만 개의 줄기가 펴서 불과(佛果)의 장엄함을 표시하는 것. 『대일경소(大日經疏)』에 "꽃은 자비를 따라서 생한다는 뜻이며 이것은 정심종자(淨心種子)로 대비태장(大悲胎藏) 가운데 만(萬) 줄기의 장엄한 불보리수(佛菩提樹)의 꽃이 피므로 화(花)라고 설한다" 하였다.
   육종의 공물은 육바라밀(六波羅密)에 배치하면 꽃은 인욕바라밀에 해당된다. 꽃은 유순한 덕이 있어서 사람의 마음을 순화시키기 때문이다. 경에서는 화(花)자를 잘 사용하지 않고 화(華)자를 많이 사용하였다. 화(華)는 초목의 꽃송이로 불보살 등에게 바치며 또 뿌려서 공물을 베푸는 것을 말한다. 밀교에서 수법(修法)할 때에 꽃이 가장 중요한 하나가 된다. 『대일경』「구연품(具緣品)」에 "진언을 가지고 수행하는 사람은 모든 성존을 공양할 적에 마땅히 열의화(悅意華)를 바치는데 깨끗한 백색이나 황색이나 주황색을 쓴다" 하였고, 『대일경소(大日經疏)』에서는 "각 제존(諸尊)의 성류(性類)나 만다라의 방위 등에 따라서 봉헌하는 꽃이 달라야 한다"고 하였다.
   꽃의 이름은 꽃의 내용에 따라 불려지므로 백천만의 꽃의 이름이 있을 수 있게 된다. 꽃의 빛깔, 모양, 크기, 수량, 잎의 수량 등으로 판단하게 된다.
   인간 세상의 연꽃잎은 10여 개이며 천상세계의 연꽃잎은 백여 개이며 보살이 사는 세계의 연꽃잎은 천여 개가 된다고 한다. 모든 수행자는 각자의 수행력으로 자신의 꽃을 피워 자신의 불보살과 타신의 불보살 등에게 꽃공양을 올리는 것이다. 그러기에 꽃의 종류는 천차만별이다. 중생의 수나 수행자의 숫자만큼 여러 가지로 피워내는 화현화(化現華)로 세상을 장엄하여 정토를 만들어 가는 것이다.
2) 불보살이 중생을 교화하고 구제하기 위한 수단으로 여러 모양으로 화하

여 세상에 나타나듯이 수행력으로 여러 가지 모양의 화화(化華)를 만든다. 불보살 등에 공양 올리고 수행의 상태를 표현하는 것을 화현화(化現華)라고 한다.

3) 『법화문구(法華文句)』에 "우담화는 번역하여 영서(靈瑞)다. 3천 년에 한 번 나타나며 나타나면 금륜왕(金輪王)이 나온다" 하였다. 『혜림음의(慧琳音義)』에 "번역하면 초공(超空)이라 한다" 하였고, 『현응음의(玄應音義)』에 "우담바라화는 잎사귀는 배와 같고 크기는 주먹만 하며 맛이 달다. 꽃없이 열매를 맺으며 또한 꽃이 있으나 심기 어려우므로 경중(經中)에 희유라 한다" 하였으며, 『혜원음의(慧苑音義)』에 "오담화(烏曇花)는 번역하여 희유(稀有)라 하며 가지가 많을 때 한번 핀다" 하였고, 『법화의소(法華義疏)』에 "이것은 영서화(靈瑞花)라 하며 또는 공기화(空起花)라 한다. 천축에 그 나무는 있지만 꽃이 없고 전륜왕(轉輪王)이 출세하면 이 꽃이 나타난다" 하였다. 또 우담화는 상과(桑科)에 속하는 무화과(無花果)의 일종으로 히말라야 산록 및 데칸고원, 스리랑카 등 여러 곳에 자생한다. 줄기의 높이가 한 길이 넘고 나무잎에는 두 가지 종류가 있는데 모두 길이가 4, 5촌이 되고 끝은 뾰족하다. 암수가 꽃이 다른데 암꽃은 매우 가늘고 호상(壺狀)의 움푹 패어진 꽃 속에 숨겨져 있어 흔히 은화식물(隱花植物)이라고 잘못 말하여 진다. 숫꽃은 꽃의 크기가 주먹만하고 혹은 엄지손가락 같은데 10여 개가 모여 열린다. 먹을만 하나 맛은 없어 세칭 3천 년만에 한 번씩 꽃이 피는데 부처님이 세상에 나오실 때에야 비로소 핀다고 한다. 불세출의 물(物)을 칭하여 담화일현(曇華一現)이라 하는 것은 이것을 본딴 것이다. 또 풀에 청령(蜻蛉)의 난자가 붙은 것을 가리킨다. 그 알은 버드나무 밑에 부착하는데 유선형의 긴 자루에 의탁하여 다수가 옹기종기 달라 붙어 마치 나무에 꽃이 핀 것처럼 생기므로 우담화라 한다.

향(香)[1]

향에는 근향(根香)과 지향(枝香)과 화향(華香)이 있다. 천신들은 불보살이나 비구승 등 수행자들은 옹호하러 왕래하지 않을 수 없는 의무가 있다고 한다. 사람들에게서 나는 냄새가 40만 리가 퍼져 천신들은 이 냄새를 싫어하는데 이 냄새를 맡게 되면 얼굴을 찡그리며 손을 내저으며 약간 활동에 불편을 준다고 한다. 천신들은 이 냄새들을 싫어하기 때문에 불사(佛事)에는 항상 향을 사용한다고 한다. 또는 천축국(天竺國)은 덥기 때문에 사람들의 땀냄새 발냄새 등을 없애기 위해 향을 바르고 향을 태우면서 불보살이나 비구승에게 공양 올린다고 한다.

향은 나쁜 냄새와 더러움을 없애기 위해 사용하는 것이다. 향도 꽃과 마찬가지로 각자의 수행력으로 만든 마음속 나무에서 필요한 부분으로 향을 만들어 제불보살 등에게 향공양을 올리는 것이다.

건타라야는 정장엄향(淨莊嚴香)이다. 다아마라발타라는 무구향

(無垢香)이다. 우두전단은 능제병향(能除病香)이다. 첨복은 금시조수금색향(金翅鳥樹金色香)[2)]이다. 다가라는 다가루목근향(多伽樓木根香)이다. 바리질다라는 천수왕향(天樹王香)이다. 구비다라는 대유희지수향(大遊戲地樹香)이다. 아가루는 밀수향(蜜樹香)이다. 도루바는 백모초향(白茅草香)이다. 가비는 곽약초향(藿藥草香)이다. 필력가는 정향(丁香)이다. 돌로슬검은 합제향초소합향(合諸香草蘇合香)이다. 두로는 훈육향(熏陸香)이다. 돌바는 모향(茅香)이다. 온시라는 모근향(茅根香)이다. 선타바는 도솔천석염향(兜率天石鹽香)이다. 갈포라는 용뇌향(龍腦香)이다. 마가바가는 사향(麝香)이다. 다갈라는 사이부생향(死而復生香)이다. 가가로는 침전향(沈檖香)이다. 졸구라는 안식향(安息香)이다. 다구마는 울금초화향(鬱金草華香)이다. 계설은 계설목향(鷄舌木香)이다. 살사라바는 백교향(白膠香)이다.

| 주 |

1) 『현응음의(玄應音義)』에 "건달(楗達)을 번역하면 향이다" 하였다. 유정과 비정(非情)의 기분(氣分)으로 일체를 코로 맡을 수 있는 것. 『대승의장(大乘義章)』에 "분복(芬馥)은 향이라 하나 이 이름은 만족하지 못하다. 중간에 또한 비린내가 나는 것이 있으나 모두 열거하지 못하나 향이라 한다" 하였고, 『구사론(俱舍論)』에 "향에 4종이 있다. 좋은 향과 나쁜 향, 등(等)과 부등(不等)한 향으로 차별이 있기 때문이다" 하였다. 이 가운데 침수(沈水) 등 훈물(薰物)은 육종공양의 하나다. 『대일경소』에 "꽃 등을 수취하여 심염(心念)을 가하면 꽃은 곧 화진언(華眞言)이 된다. 향으로 향진언(香眞言)을 가하면 여래의 가지력(加持力) 때문에 부사의업(不思議業)을 성취한다"고 하였다. 이 향은 도향(塗香), 말향(末香), 환향(丸香) 등의 구별이 있다고 한다. 6종공양에서 향은 지계, 정진, 선정을 뜻한다.
   향은 화와 유사한 개념이 되나 세상에는 꽃도 있고 향도 있다. 여기에서는 수행 공덕의 차별을 말하려고 화현을 말하는 것이다.
   향의 이름은 향의 내용에 따라 불려지므로 백천만의 향의 이름이 있을 수 있게 된다. 향의 향기, 빛깔, 크기, 시간 등으로 판단하게 된다. 인간세상의 향은 며칠 정도 향연(香烟)을 피우고 천상세계의 향은 수개월 향연을 피우고 보살세계의 향은 수 년 정도의 향연을 피운다고 한다. 수행자는 각자의 수행력으로 항상 자신의 향을 피워 자신의 불보살과 타신의 불보살 등에게 향공양을 올리는 것이다.
   그러기에 향의 종류는 천차만별이다. 중생의 수나 수행자의 숫자만큼 여러 가지로 피우는 화현향(化現香)으로 세상을 장엄하여 정토를 만들어 가는 것이다.
2) 금시조(金翅鳥, garuda)로 묘시조(妙翅鳥), 정영조(頂癭鳥), 식토비고성(食吐悲苦聲)이라고 한다. 깃털이 금색이므로 금시조라 한다. 용을 잡아

먹는다는 조류의 왕. 독수리 같이 사나운 새이다. 팔부중(八部衆)의 하나이다. 양쪽 날개의 넓이는 3백6만 리나 되고 수미산에 서식한다고 한다. 고대 인도 사람들은 새의 괴수로서 이런 큰 새의 존재를 생각하고 대승경전 같은 데에 팔부중의 하나로 자주 인용했다. 밀교에서는 이 새로서 대범천(大梵天)·대자재왕(大自在王) 등이 중생을 구제하기 위하여 화현한 것이라 하고 문수보살의 화신이라고도 한다. 금시조의 왕을 부처님에 비유하기도 한다.

봄 여름 가을 겨울

봄[1] 못에 비친 꽃, 여름 봉우리에 둘린 구름, 가을 골짜기에 걸린 달, 겨울 산길의 눈

봄 여름 가을 겨울[2] 사람은 절로 한가롭고 높은 산 봉우리는 홀로 그윽히 노닌다

천송(天松)[3]이 아무 일 없이 별천지에 있는 것을 그만 지나쳐서 엿보지 못했다.

春譚花夏嶂雲 秋壑月冬嶠雲 四時中人自閑山高峰獨幽遊 過未窺別有地無一事當天松

| 주 |

1) 도연명(陶淵明)의 사시(四時) "봄 물은 못마다 가득하고, 여름 구름은 기봉도 많을시고. 가을달 드높이 밝음이여 겨울 산마루턱에는 솔 한 그루 빼어났다"에 견주어서 선의 엄정한 경계를 표현했다.
2) 깨달음을 얻는 해탈의 경지를 노래했다.
3) 천연스러운 주인공으로 무심도인의 경계를 표현했다.

부처님의 법륜

옛임금[1]의 화풍(和風)은 영원히 일어나고 금(金)[2]임금의 영일(寧日)은 길이 밝아서 병화(兵禍)의 흙먼지가 남김없이 사라지듯 우리 부처님의 법륜(法輪)도 항상 유전(流轉)하소서!

古風永扇 金日長明 兵塵殄消 法輪恒轉

| 주 |

1) 요(堯) · 순(舜) 임금을 말한다.
2) 훌륭한 영도자를 말한다.

| 후기 |

대종사께서 열반에 드신 후 현발(顯發)사리라 할 수 있는 의발 몇 벌, 육환장, 주장자, 불자, 단주, 장경 등 주요 품목은 따로 보관하고 대중을 큰방에 모이게 하여 나머지를 보자기에 싸서 나눠 주었다.

그때 받은 보자기에 책 몇 권이 들어 있었는데 큰스님께서 젊은 시절 강당에서 경을 공부할 때 쓴 듯한 필사본 메모가 들어 있었다. 한문 일색이라 읽을 생각도 않고 몇 년을 간직하고 지내다가 香港수학에서 돌아와 한번 번역하고 해설을 붙여 보았으나 어쩐지 속(俗)스럽고 큰스님께 누가 될까봐 중단하고 말았었다. 법문집을 내려고 자료에 신경쓰느라 잊어버리고 또 몇 년을 지내다가 재작년부터 해설을 빼고 본문의 보조 역할만으로 주석을 붙이는 것으로 마무리해 보았다. 본래 여법하게 내고 싶었으나 여의치 않아 제게 주어진 사명으로 여기고 부족하지만 책으로 내려고 작년 말에야 최종 마무리하게 되었다. 내용에 오류와 견해를 달리하는 부분이 있을 수 있으나 큰스님을 이해하는데 도움이 되는 방향에서 참작하기 바란다.

큰스님께서 생전에 대장경에서 선심, 교어, 율행 세 부분으로 발췌하여 펴신 『삼처전심』과 본납이 18년 전에 큰스님께서 지상에 발표한 글, 육성법문 기타 등을 모아 만든 『학월대사 법문집』과 이제 송구스럽게 30년이 다되어 펴내게 된 『조사심법문』 이 세 권의 법문집을 문도는 물론이거니와 일반 대중도 읽게 된다면 큰스님을 이해하고 불교를 이해하는데 많은 도움이 되리라 믿어 의심치 않는다. 특히 『학월대사 법문집』은 친히 쓰시고 법문하신 내용을 그대로 옮긴 것이라 마치 스님이 살아 계시는 듯 생생하게 들려 오는 듯할 때가 있다.

근래 불가에서 자주 법문 시 인용하는 바라밀 도인 스님이 계시는데 보시의 의미를 잘 알고 실천하신 혜월스님, 정진 제일의 수월스님, 인욕 제일의 지월스님 그리고 청정 비구행을 닦으신 지계 제일 학월스님. 이렇게 네 분 스님을 일컬어 사대월사(四大月士) 무욕도인(無慾道人)이라 부르고 있다. 공교롭게도 법명 뒷글자에 월자(月字)가 들어 있는 훌륭한 네 분 큰스님으로 선정과 지혜와 더불어 보시, 정진, 인욕, 지계를 갖추었기 때문에 세상에서 육바라밀 스님이라 부르게 된 것이다.

경주의 월산큰스님이 동국선원에 얼마동안 계셨는데 학월큰스님을 '청량'이라 부르셨다. 같은 이북 동향이라 냉면을 좋아한다는 뜻도 있지만 총무원장 세 번, 동대 이사장 등 30여 년 종단 업무을 보셨지만 사토재색(寺土財色)에 초연하시고 생활선을 닦으시면서 청정 비구행을 보이셨기 때문에 '청량'이라 찬사를 보내신 것이다. '맑고 향기롭다'는 것은 비구승, 일반 불자에겐 최대의 칭찬인 것이다. 큰스님께서는 평생 동안 아침 예불, 아침 공양 한번 빠지지 않으시고 암자 하나로 만족하시고 생활선을 닦으셨다.

강원을 졸업하고 해인총림 신원에 입방하여 장차 참구하려 할 때 도반스님과 삼천 배를 드리고 백련암으로 방장 큰스님을 뵈러 올라갔다. 소위 화두를 받아 참구하려고 갔던 것이다. 방장스님께서 삼천 배를 했느냐고 먼저 물으시고 미산스님을 닮았다고 하시면서 '백수자' 화두를 참구하라고 하신다. 해제 때 학월큰스님을 뵙자 이제 '무자'를 들라고 가르쳐 주시어 그후부터 무자화두를 들었는데 이곳에서도 무자가 제일의 공안이라고 나와 있다.

큰스님은 여래선에 대해 "어제 부정법(不定法)이 오늘 결정된 법이다" 하시고 조사선에 대해서는 "할머니 치마를 빌려 입고 할머니에게 절한다"고 하시면서 경과 선을 같이 닦을 것을 법문하시곤 했다. 외람되게 무자와 여래선에 대해 주를 붙여 보았는데 중국 일색의 선학 개념을 극복한다는 차원에서 중국에 있는 설명도 참고하여 견해를 붙여 보았지만 아무래도 삼십 방을 맞아야 할 것 같다.

한국불교에선 말끝마다 선끝마다 벽암록이나 전등록, 천칠백 공안을 들지 않을 수 없는데 마치 정석을 배우고 실전에선 정석을 잊어버리라고 하듯이 특히 선에 있어서는 우리 선사의 입에서 재탄생되는 것이 바람직하지 않을까 생각해 본다.

선의 한 방법으로써 '간화선'을 말하는 것은 괜찮은나 이렇다할 화(話)도 없는 실정에서 한국불교의 특색 있는 선으로 '간화선'이라는 이름을 사용하는 것은 항상 아류에서 벗어날 수 없는 술찌꺼미를 맛보는 격이 될 것이다. 내용은 차치하고서라도 그 용어가 국제적으로 주장할 만한 한국적이지 않다는 것이다. 눈과 눈, 입과 입으로 세상에 드날리면서 대중을 가르치려면 시대에 맞고 자긍심을 느낄 수 있는 이름으로 창조되어야 겠다. 우리의 말과 글은 독특한 우리의 사상 정신이 깃들어 있고 대중을 가르치는 나침반이자 그대로 역사가 되기 때문이다. 내용도 한국적인 철학 개념이 있으면 더욱 바람직하고 이름도 세계에 내놓을 수 있는 특색이 있으면 좋겠다. 조계종의 심벌 마크처럼 부처님의 삼구, 삼학, 삼보가 들어간 '원삼선' 또는 '백두선', '무등선' 등 삼국과 차별이 있는 독특한 한국선적인 이름으로 붙이는 것이 좋겠다는 생각을 해본다.

산과 물이 재탄생되었듯이 학월큰스님은 평생동안 '평상심시도'를 줄기차게 사용하여 학월의 생활선으로 재탄생되었던 것이다. 큰스님이 표제로 사용한 '삼처전심'도 그냥 세상에서 말하는 삼처전심으로 보면 바르게 보는 것이 아니다. 불설삼구의 제1구로서 2구와 3구를 아우르고 있는 일구인 '삼처전심'으로 보아야 할 것이다. 이것도 정확한 해석은 아니지만 이렇게 보는 것이 '삼처'의 뜻, 학월대사의 사상에 가깝다고 하겠다.

이 『조사심법문』은 청허대사의 『심법요』 등을 근간으로 엮어졌는데 청허대사는 너무나 유명한 고승으로 세상에 저서와 사상이 알려져 있으므로 자세한 설명은 줄인다. 불교는 물론이고 세상에 유행하고 있는 타종교에 대해서도 잘 알아야 한다고 하는 삼가(三家)사상이 백미인 것 같다. 부처님의 삼구와 청허대사의 삼가, 학월대사의 삼처 사상은 그 맥을 같이하고 있나. 학월대사는 부처님과 청허대사의 영향을 많이 받아 삼처사상을 남기고 가신 것이다.

경산의 장송에 학이 내려 앉고 경산의 태허에 달이 뜰 때면 '도봉산은 높아 항상 푸르고 한강의 밝은 달은 누리에 비치네' 라는 오도송의 일구가 생각난다. 학월대사의 법문을 한 마디로 말하라고 한다면 학월무삼(鶴月毋三) 삼처무삼(三處無三), 3의 3의 포스트 3를 지나 극진한 원별화삼(圓 · 別 · 和三)이라 할 수 있는 무삼(無三), 말과 글을 회피해서 그냥 ⊙라 해 보겠다. 학월대사께서 마지막으로 남기고 가신 법문이라고 믿어 의심치 않는다.

이 『조사심법문』은 불교의 주제인 부처님의 마음, 말씀, 행동의 정수를 바르게 요약해 놓아 적지만 깊은 뜻을 담고 있어 불자들은 이 한 권의 책만으로도 불교를 이해하는데 충분할 정도여서 곧바로 실천에 나설 수 있게 하는 중요한 법문들이라 하겠다.

산천은 의구하고 일월은 噫다지만

풍년식당 비빔밥은 대중을 실망시키지 않는다.

정해년 봄

108선원 자 견 합장